陪孩子走进初中

张莹◎著

四川科学技术出版社

图书在版编目（CIP）数据

陪孩子走进初中 / 张莹著 . -- 成都 : 四川科学技术出版社 , 2017.7

ISBN 978-7-5364-8749-9

Ⅰ . ①陪… Ⅱ . ①张… Ⅲ . ①初中生－家庭教育 Ⅳ . ① G782

中国版本图书馆 CIP 数据核字（2017）第 180226 号

陪孩子走进初中

PEI HAIZI ZOUJIN CHUZHONG

著　　者　张　莹

出 品 人　钱丹凝
策 划 人　王长江
责任编辑　罗　芮　康永光
封面设计　苏　涛
出版发行　四川科学技术出版社
　　　　　成都市槐树街 2 号　邮政编码 610031
　　　　　官方微博　http://e.weibo.com/sckjcbs
　　　　　官方微信公众员：sckjcbs
成品尺寸　165mm×235mm
印　　张　13.5　字数 185 千
印　　刷　三河市金元印装有限公司
版　　次　2017 年 9 月第 1 版
印　　次　2017 年 9 月第 1 次印刷
定　　价　32.00 元
ISBN 978-7-5364-8749-9

邮购：四川省成都市槐树街 2 号　邮政编码 610031
电话：028-87734035　电子信箱：SCKJCBS@163.COM

  小学毕业那天，他很自豪地让我看他的小学毕业证书。我郑重地接过来，认真地看着，说："以后，你真的是小伙子了！"他抬头看看我，腼腆地笑了。

  一直以来，我叫他——我的小伙子。

  小学里，小伙子过得轻松而自由。记得刚入学的时候，他就已经能很流利地读报刊了。因为在幼儿时期，一些简单的带字图画，常常让他感兴趣，不知不觉中，认识了很多字。当时，也是给我很大的惊喜呢！所谓无心插柳柳成荫啊，其实也算是自然教育法吧。随着他识字量的增加，我订阅了不少的儿童报刊，他总是兴致勃勃地读。阅读，让他在不知不觉中进入学习的状态。

  当很多的孩子奔波在一个又一个的辅导班之间的时候，我尊重小伙子的意愿，让他不停地跳跃着让他去体验。他喜欢数学班，我让他去了；喜欢英语班，我让他去了；喜欢美术班，我让他去了；喜欢口才班，我让他去了；喜欢陶艺班，我让他去了；喜欢军鼓班，我让他去了；喜欢散打班，我让他去了；喜欢吉他班，我让他去了。林林总总，所有的，都在尝试着，却从来没有哪一种，是他坚持下来，并擅长的。其实，我内心也有一些忐忑，这样，会不会让小伙子产生懈怠的心理？但不尝试，怎么可以？就这样，在教育小伙子的道路上，我倾听着各位家长的点滴经验，读着各类教育著作，我固执着，摸索着，前进着，而小伙子在尝试了各种各样的学习之后，他说："学好基础知识很重要哦！"

  我欣慰地笑了。这样的尝试，满足了他的好奇心，也让他知道，学习真的很重要。

幸好，小伙子的小学阶段圆满结束了，不仅取得了294分（满分300分）的好成绩，而且还成长为一个懂事、能吃苦的小伙子。

可是，当小伙子意气风发地进入中学，一下子就像变了一个人似的，原来我要讲的那些道理，都失去了魔力，反倒是我，被小伙子一套套的理论说得目瞪口呆，真不敢相信啊，那是一个刚小学毕业孩子说的话！

如何面对刚入中学的小伙子呢？我开始迷惘了，担心了。我去听专家的讲课，我去找相关的书籍，可是，每一个孩子都是一个独立的个体，每一个孩子都是千变万化的，每一个孩子都没有雷同。但我记得一位北京四中的老师说过："进入中学的半年时间，只要你家的宝贝能适应，以后的事情就水到渠成了！"

半年里，我和小伙子摸爬滚打着，经历了无数个未曾有过的第一次，总算在2016年的年末收获了一个满意的果实，小伙子的成绩排在年级第九名。更重要的是，小伙子对中学的生活应付自如啦！

我家小伙子是一个普通的小伙子：会贪玩，会耍赖，会叛逆，我也是个普通的家长：会瞪眼，会怒吼，会冲动，在等待小伙子长大的普普通通的日子里，我用那些寻常的、所谓的方法，让小伙子健康地成长着。我想，这大概也是做家长最大的幸福了吧！

之所以写下这半年的点点滴滴，是想给我的小伙子留一个美好的回忆，更重要的是：

在这些点滴里，能找到孩子成长路上的那些开心、失落、希望、失望、苦闷、欢喜……

在这些点滴里，能让我的宝贝知道：我爱你，每一分，每一秒。

当然，如果能从中发现一点点教育孩子的启示或是方法，那就是最好不过了。

愿每个孩子都开心，愿每个家长都如意。

也愿我的小伙子一如既往地高歌前行。

目 录
CONTENTS

第三章　从月考开始改变

第四章　中学学习习惯的养成

第五章　家庭环境的作用

第六章　关注细节决战考试

后　记

第一章　轻松步入中学

1. 提前了解中学——开学啦

8 月 20 日　星期一　晴

快开学了，我家小伙子是兴奋的。

他早早地向周围的师生们打听好了新学校的规矩，找了时间去新学校参观，当然，只能是透过栅栏"贪婪"地欣赏着。

当知道新学校规矩很严，要求很高后，他就早早地去理发店，把自己额前留了十二年的小刘海剪掉了。对着镜子，看着自己的样子，他摸摸脑袋，咧着嘴笑，那个不好意思啊！

看着他的样子，我偷着笑，都说美丽从头开始，看来，我家小伙子也许是积攒了信心，要从头开始了吧。

今天，教育局网站上应该公布了平行分班结果。中午休息，我一遍遍地上网查看结果，但还是没有消息。焦急而又兴奋地等到下午，才看到结果，心，不由自主地扑通通激烈地跳起来。会心一笑，心里想怎么还会这样不镇定呢。其实从去年开始，教育局就严格控制择校择班了，所以，每个家长在松口气的同时，更希望自己的孩子能分到一个好老师那里。可是，好老师的定义是什么呢？从自己上学，到现在儿子小学毕业，每一个时代，每一所学校，遇到的哪一个老师，不是兢兢业业的呢？我对自己的小心眼有点自责了，看来，还是没能免俗啊！

终于看到儿子所在的分组：19组，班主任张老师。按着分组，就可以到学校查看具体的班级了。

傍晚时分，我带孩子一起去新学校查看分班结果。

原以为，这时间大家都在吃晚饭，人会少一些，没想到，名单前依旧是人挤人，人挨人，一看就知道，有爷爷奶奶来的，有爸爸妈妈来的，当然，孩子肯定是要来的。人虽然多，但秩序井然，都在小声地说着话。

我被眼前的景象狠狠地扎了一下，孩子们马上就进入一个崭新的竞争阶段，而他们身上背负的不仅仅是自己，还有父辈们的希望，孩子们真累呀！

可是，社会的进步，不也正和孩子息息相关吗？

我拉着儿子的小手慢慢地靠前，在众多的人名里，看到了我家孩子的名字。然后，我又看了看，希望能有他认识的小学同学在一起。

其实，有没有认识的同学，真的无所谓，马上就可以认识新同学了。可我总感觉有认识的同学，会更好地适应新环境。我想着的时候，听到周围的家长也在这么议论着。我哑然，看来，与我的想法不谋而合的家长不止我一个。

走出人群，我家小伙子低声嘟囔着："12班，12班……"问他怎么了，他摆摆手说："没事，没事。"真不知道他的小脑袋瓜里装了什么东西。

我家小伙子——宽同学，马上就要正式开始他的初中生活了。

回来的路上，宽同学竟然一路无语，我搂着他的肩头问："什么感觉呀？"

他摇摇头说："没什么。"

我的心却波浪起伏起来。

我知道，我担心他能否适应相对紧张的初中生活。

我 的 心 得

在孩子进入青春期的时候，却要面临一个全新的环境，对孩子而言，确实是一个考验。这时候，我们做家长的，首先要淡定，要做到心中有数。

在孩子还没有接触到新环境之前，要全面地进行了解，在无意识中慢慢渗透给孩子，在轻松愉悦的环境中，孩子会相对容易一些地从心理上接受将要到来的一切。

当心理上接受以后，可以慢慢转化到具体的实际行动中。比如，我家小伙子的小刘海，是他自己下决心剪掉的。而这，并没有浪费我多少精力，是他自己看日历上的日期，和我要了钱，自愿去的理发店。而这，就是因为做足了前期的渗透工作。这个时候，一定不要强制地说：你要干什么什么。如此，不但会让孩子对家长有一种反感的心理，也会让他对新的学校产生一种抵触的心理。他会想：原来中学是这么不近人情啊！一旦有了这样的情况，接下来的事情就会多一些麻烦了。

所以，我觉得，开学前的一个多月时间，要从心理和行动上做足充分的准备，和孩子一起迎接即将到来的中学生活。

2. 早餐的问题——我的美味早餐

8月22日　星期三　晴

这个夏天总是多雨，而今天，天气那么晴朗。早上，我早早地醒了，看着窗户上的一抹阳光，心里有说不出的一种干净。侧耳听着隔壁的动静，隐隐约约，有小伙子均匀的呼吸声。

自从暑假开始，我就和他约定，早上不再提醒他起床了，自己定闹铃，自己起床。但整个假期坚持得并不是很好，偶尔，他还是会睡个懒觉。这一开学，我还真有点担心，他会忘记了起床。

五点半了，我悄悄起来，去厨房准备早餐。保证他的饮食健康，是我必须的职责。熬了米粥，清炒了青菜，摊了几个鸡蛋饼，切了一点小咸菜，这可以算是比较清淡又营养适中的早餐了吧？

从厨房出来，我惊呼："哎呀，我的小伙子起来了呢！"坐在卫生间马桶上的小伙子，对我的大惊小怪并不在乎，抬眼看看我，说："早起来了，

应该的。"

看着他的淡定，我窃笑，这是兴奋的结果吧，看你能坚持多久！

此刻，刚刚六点，比他定的闹钟早起了二十分钟。小伙子的爸爸，听到我的惊呼，也从屋里走出来，笑嘻嘻地看着我们娘俩。然后，早餐开始了。

等我收拾完了一切，小伙子也准备好自己的书包、水壶，拿着钥匙就下楼去地下室了。我和他爸紧随其后。

一路上，清风习习，阳光温和，多美好的早上。

看来是到早了，学校门口的人寥寥无几。我们来到校园里，不知何往。这时候，过来一个年轻帅气的男老师亲切地问我们："是不是新生报到啊？"我们连连点头。那老师笑着告诉我们："来得太早，八点才开始呢。"过会儿会有指示牌和引导老师的。看着热情的他，我的心里暖暖的，一下子和这美丽的学校亲近了许多。

按着老师的提示，我们来到校门口茂盛的大树下等待着。看看表，才七点一刻。

小伙子的表情是很庄重的，一会儿看看校园，一会儿看看我们，又焦急又紧张的样子。我们并不多说，只笑着。

陆陆续续地有同学来了，家长们也来了。人流中，也不难发现，有的同学独自来报到。小伙子说："我进去了，你们走吧。"

我和他爸相视一下，点头，算默许了。小伙子推着自行车，独自走进了校园，我们目视着。忽然，有老师拦着他，不知道在交谈着什么。我心里一紧，不会有什么事情吧？

不大工夫，小伙子沿着老师手指的方向走去。我的目光跟随着。他放好了自行车，又回来，走到那个老师的身旁，和老师走到教学楼前东西甬路的一侧，他站下，老师离开了。

他背着书包，认真地站在那里，偶尔会拦下走向他的同学，抬手指向他的右方。然后，那被拦下的同学就转身沿着正西的甬路走去。

哦，明白了，他是帮老师维持秩序呢。

看了片刻，我和他爸悄悄地离开了。我不知道，接下来，他会怎么找到自己的新班，怎么进入教室，怎么认识新同学，呜呼，太多的不知道，我等待着。

中午，我正准备下班，手机响了。

"妈，我们放了四天假呢！"小伙子那种掩饰不住的意外之喜迎声而来。

原来，学校的操场没有整理好，推迟四天军训，所以就放假了。

等我到家，他拿出崭新的迷彩服和刚发的课本让我看，说："我们教室真好啊，有电视、投影仪，特干净，还是瓷砖镶地呢！"

看他兴高采烈的样子，我提了一上午的心稍稍安定了一些，问他："初中和小学不一样吧？看你，刚进校门，就独立行动了。不错啊！"

他轻描淡写地吐出两个字："挺好。"

我 的 心 得

早餐，这不仅对家长是个考验，对孩子也是个考验。

先说家长。要早起，要在孩子起床之前准备好早餐，不求多么丰富，只要热热乎乎，营养搭配合理就好。当然，要是能花样多一点，引起孩子的食欲，就更好了。要坚持，要在孩子上学的每一天都要做到。当然，也许有特殊情况，那也要先向孩子说明一下，让孩子知道，这次让你去早餐店吃早餐，是有原因的。

之所以这样做，一来是为了让孩子感受到你的认真负责，坚持执着，让这股正能量在无形中影响到他。二来也是对孩子健康负责的表现。我一向主张自己在家里做饭，干净卫生，可自由搭配。尤其冬天，可以保证孩子吃得暖和，毕竟买回的早餐是容易凉的。三是刚上初中的孩子，正是身体发育的时候，合理的进餐是必须要保证的。而吃过早餐，孩子一上午

的精力可以保持得很好，这对学习是非常有利的。

所以说，这对家长是个考验哦。

再说孩子。太多的孩子早上都不爱起床，要更早地起来吃早餐，更是难上加难。不要看到孩子的辛苦就放弃，其实，这正是锻炼孩子毅力的一个机会，早早地让孩子起来，打开食欲，吃好早餐，一天的精神，一生的好身体，何乐而不为呢？

不要以为孩子做不到，只要你坚持做到了，孩子的早餐肯定会餐餐不少的。

啰唆一句，其实不仅仅是早餐，在这个阶段，每日三餐都要力争做到营养均衡哦！

3. 偏科的问题——我喜欢的历史啊

8月27日　星期一　雷阵雨

今天是军训第一天，老天也真作美，有点阴，中午的时候还飘了一些小雨，让这些孩子不至于太受罪。

我这是不是典型的溺爱型妈妈呀？改，一定改。

早上，小伙子依旧早早地起了床，吃了饭，穿上迷彩服，戴上军帽。嗯，还真像那么回事。临出门前，我问："怎么样？有问题吗？"

他犹豫了一下，底气不是很足地说："还行，没事吧。"

看着他那似乎有点懒洋洋的样子，我这心里就有点气：怎么一点儿也不精神呢？我深深吸一口气，还是给他一个微笑，说："没问题的哦。"

一上午的时间过得如此漫长，终于熬到中午了。门铃响了，小伙子一进门，就大声地嚷嚷着："长大了，打死也不当兵！"

"怎么了？火气这么大？"看着他汗水直淌，黑一道、白一道的小脸，我吃惊地问。

"军人原来就这么当呀，直立，就是直立，累死人了！"小伙子简直是不愤啊！

我扑哧一声笑了："原来如此呀！小伙子这才开始呢，你以为当个军人就这么简单？就像你看电视上的一样，直接打枪啊，那也是一天天磨炼出来的呀！"

吃饭的时候，经过一番口舌较量，小伙子终于沉默，对"军人"二字有了重新的认识。

午睡后，累坏了的小伙子到底还是起来了，整理着衣服，提着水，匆匆下楼了。看着他的背影，一股怜惜爬上心头，孩子，以后的磨炼多着呢，勇敢向前吧。

晚上，我还没来得及开门，小伙子在楼道里就叫开了："妈，妈，我喜欢的历史书发下来了，我看了好几课呢！"

哎呀，整栋楼都要听见他的声音了，我赶紧开门。

小伙子兴奋地向我展示着他的新书，兴奋地和我讲着他的"历史"，我听着，开心，却也担心，小伙子别是一开始就要偏科吧？

于是，我怯怯地说："宝贝，可不能偏科啊，每一门学科都得好好学呀！"

"知道，妈妈，放心吧，偏科就考不上大学了！"

小伙子的话说得我心里酸酸的，在他眼里，上学的目的就是考大学吗？

看他虽然很累，却开心的样子，想解释，又放弃了。

但愿，小伙子能懂得吧。

我 的 心 得

进入中学后，孩子的课程一下子就多了起来，面对着从来没有接触过的地理啊、生物啊什么的，可能会产生一种心理上的紧张。作为家长，要有预见性地进行干预，可以从两方面来做：

一是接触之前。可以在看电视、聊天或者是外出的时候，有意识地找一些有趣的话题，和孩子说说。让孩子在愉悦的氛围中，对将要所学的科目有所了解，激发孩子的兴趣、好奇心。这样，当接触到新学科的时候，孩子就会带着一种兴奋的心情去学习，也就会有战胜困难的意识，就不容易产生倦怠、怵头的心理了。

二是接触之后。孩子刚入学，拿到的课本是新鲜的，一切都和小学有了天壤之别。这时候，注意观察孩子的变化，一旦发现孩子有偏科的倾向，要及时"下手"，引导孩子正确认识不同学科。同时，做家长的要注意自己的言行，千万不要把自己对学科的喜好映射给孩子。毕竟，偏科，对孩子的学习来说是极为不利的。只有各个学科均衡发展，孩子的成绩才会"长盛不衰"。如果发现孩子偏科了，也不要和孩子着急，要安慰孩子、鼓励孩子，寻找一切可以激发孩子战胜薄弱学科的信心。初中阶段刚开始的时候，知识难度不是很大，只是节奏的改变使得孩子无所适从，这是需要一个过程的，一旦过了这第一关，后面的学习会相对轻松起来的。

4. 军训累的问题——好吧，我坚持

8月28日　星期二　多云

刚说完老天作美，这气温就蹭地上去了。但是，老天爷依然热着，孩子们的军训依然进行着，家长们的心依然提着。

中午，小伙子回来的时候，脸色相当难看。面对准备好的饭菜、水果，直摇头，一个劲说恶心。

"妈，下午我不去了，行吗？"小伙子怯怯地问。问得我心里直发酸。我真想说：好，不去了，休息。可是，我担心，这样休息了一次，会不会有第二次、第三次，这样下去，行吗？

看着小伙子期待的眼睛，我终于还是说："宝贝，坚持一下，好吗？先吃点东西，再吃点药，然后休息，等你起来的时候，看情况，好吗？"

小伙子点点头，我看到，他的眼睛里闪过一丝失望。

饭，小伙子吃得很少，吃了药，就去休息了。

我看着熟睡中的小伙子，听着他不太匀称的呼吸，心里疼疼的，毕竟，小伙子的病刚刚好，医生建议，短时间内不要做剧烈运动。所以，我的心里在激烈的斗争——坚持还是休息，心中小小的天平激烈地晃动着。

其实，很多时候，我们的孩子就是在我们家长这样的斗争里，失去了很多锻炼的机会。不是孩子投降了，而是我们自己投降了，是我们给自己孩子的不坚持，做了无名的帮凶。

我看着我的小伙子，直祈祷："宝贝，你能行的。"

两个多小时很快过去了。我叫起小伙子。

小伙子的精神还是不太好，我问："还恶心吗？"

小伙子低声说："还行，不那么厉害了。"

"那能坚持吗？"

"你说能就能吧。"我听得出小伙子的失望，还有期待，期待我说"不去了。"

"那你就去，如果坚持不住，就和教官说，借老师手机给妈打电话，去接你，好不好？"

"嗯。"小伙子点点头，无精打采地下楼了。我的眼睛，一阵发湿。

小伙子的姥爷不放心，在小伙子走了之后，悄悄跟在他身后，直跟到学

校，等他进入队伍，在校外观察着。后来，小伙子的姥爷说，这样去看孩子的老人家，有好几个呢，他们正好聚在一起聊天，感慨说，现在的小孩真不容易。

一下午，我在单位里提心吊胆，怕接到电话。

结果，没有任何消息。

下午下班回家不久，小伙子也回来了，我急着问："怎么样？"

"没事，还行吧。有一会儿难受了，要虚脱的感觉，坚持一会儿就好了。"小伙子有一点点的自豪。

"噢，儿子，你真棒！"说着，我使劲搂了搂儿子，眼睛不争气地又湿了起来。

"你看，只要坚持就行的吧？"

小伙子不好意思地笑了。

我 的 心 得

　　进入中学的第一课，也就是最考验孩子的军训。现在的孩子有太多的娇生惯养，当然，责任不完全在孩子自身，有很多时候，是我们的长辈们给予了他们太多的关注，太多的爱，以至于我们的孩子失去了那么多的成长的机会。

　　走进初中的第一节必修课，能不能顺利结课，关键在于家长的作用。这场军训，对家长而言，就似乎是一场战争，每个家长都有和孩子一起上战场的决心与气势。家长为孩子担心是可以理解的，但是，千万不要因此而对孩子产生迁就的心理，更不要给予物质上的过多关注。

　　军训前，可以带孩子去军营看一看，去体味一下其中的奥妙，告诉孩子军训的好处，鼓励孩子去迎接新的体验。军训中，不要在物质上给予过度的关注，比如给孩子手机，一遍遍地叮嘱注意事项，送中送水，允许孩子申请休息等等，是都应该尽量避免的。如果孩子回家的话，可以在饮食上进行合理的搭配，同时，多和孩子谈谈心，鼓励他战胜困难，多结交新朋友。因为我家小伙子是正常上课式的军训，所以，对住宿军训没有更深的体验。但我觉得，如果孩子是住宿军训，还是建议家长们不要去探望，给孩子一个独立的成长空间，也许会有意想不到的效果。

军训，是让孩子走向独立解决困难的一个好时机，家长们应克服自己的迁就心理，千万不要让孩子错过这个机会哦！

5. 花钱的问题——我买水啦

8 月 29 日　星期三　晴

经历了昨天的事情，小伙子好像长大了，也似乎已经接受了坚持军训的事实。

早上上学前对我说："妈，给我吃点藿香正气胶囊吧，省得我再恶心。"

我忙答应着。小伙子自己知道不能避免接受挑战，就提前预防了，好兆头嘛！

吃了药，小伙子提着大大的一瓶矿泉水下楼了。

中午回来，小伙子一进门就告诉我："妈，我把钱都花了！"

"哦？十块钱呀，一下子就花完了！"

"妈，你不知道，我们都热死了，水不够喝了，我就买水了！"

"那你一上午就喝了五瓶水吗？"

"是呢！"小伙子说。

"那不对吧？还有你自己带的那么多呢？"我笑眯眯地看着他。

"嗯，真的买水了。"小伙子认真地说。

"我相信你买水了，但是，没买矿泉水，对不对？"

小伙子面对我的直视，不好意思了，点点头。

"我买了饮料，两瓶，剩下的才买了矿泉水。"

"儿子，买水是正常的，可以理解。但是，不应该不说实话，对吧？"

小伙子点点头，脸红了。

"再有，妈妈不建议你买饮料，白水才是最解渴的。你现在正在军训，要是万一喝了饮料不舒服，生病了，是不是影响你的训练啊？你都坚持这么长时间了，万一因为这耽误了，可惜不可惜呀？"

小伙子认真地听着，点点头，说："妈，我知道了，我不买饮料了。"

"嗯，水不够了，可以买，但是不能胡来哦！没钱了吧？妈再给你，不用担心妈妈批评你，只要你告诉妈妈，钱花得有道理就好。好不好？"

小伙子长长地叹了一口气，答应着。

我想，此刻小伙子才真正放下了心吧，因为在他先前的言谈举止里，能感觉到，他有怕说的什么事情，那我就慢慢地告诉孩子：不怕你犯错，说出来，就好啦。

如此，我们才可以面对，才可以知道以后怎么做。

宝贝啊，妈妈知道，这次买水，你是受了饮料的诱惑；妈妈更知道，面对诱惑，小小年纪的你，还没有充足的抵抗力，不怕，我们一起选择怎样面对诱惑。

我 的 心 得

无论是在军训中，还是在日常的学习生活中，孩子总会遇到这样或者那样的诱惑，尤其是在军训中，因为家长对孩子的关注程度不同，孩子的表现也不尽相同，这无形中会在孩子们中间产生一些小小的波动。面对这些波动，刚刚离开小学的孩子们可能会有一些攀比的心理。此刻，做家长的不要着急，还是要掌握一个原则：认真观察，一旦发现问题，积极制止。

马上要进入青春期的他们，是很敏感的，家长要采取适当的自然的方式去帮助他们。也许，当时不会有什么效果，不要担心，慢慢来，总会发现孩子的漏洞的，让事实说话，让孩子感到你真心为他好，让孩子知道自己错在哪里，问题自然会迎刃而解。

这涉及花钱的问题，家长也不要太着急。孩子开始不能合理地安排自己的零花钱，有乱花的现象也不怕，慢慢引导，讲清道理，是完全有可能使得孩子正确对待零花钱的。这里，我觉得应该注意的是：千万不能忽视孩子第一次无理花钱的现象。如果开始不在乎，到后来形成习惯，再控制，难度就太大了。

6. 班干部的问题——我要竞选吗

8 月 30 日　星期四　晴

早上起来，小伙子兴奋地告诉我，军训进入倒计时，还有两天就要结束，进行检阅了。这两天，必须好好练。

他说："我们的正步总是踢不好，真急人啊！不能得第一，也不能倒数啊！"

小伙子有点急，开始担心集体荣誉了。

我劝他："不要急，跟着教官好好练习，会好的。"

小伙子不言语。

下午放学，小伙子进门，边脱迷彩服边说："妈，我们班今天晕倒了好几个。"

"哦？是吗？怎么回事？"

"就是有人站着站着就倒了，然后就把他们抬到主席台休息了。"

"你怎么看？"

"我呀，我觉得就是他们不能坚持，你看前几天，我不是也不行了吗？结果，一咬牙，就坚持下来了，我看，他们就是不想坚持。"小伙子说得有点激动。

"也不能那么说，每个同学的身体状况不一样呢！"

"嗯，也是。不过，有的同学是装的，就是为了去凉快！"小伙子放低声音，神秘地说。

"你怎么知道？有什么根据？"我问。

"他们自己说的呀！"

"哦，那就不应该了吧。"

"嗯，我觉得是，也忒……"小伙子摇摇头，没再说什么。

"那你也别多想，老师和教官都能知道为什么，也许他们有难言之隐。不过，要真是装的，妈妈也很反对，太不应该了。"

"就是嘛！"小伙子为我和他的观点一致开心了起来。接着和我说："老师找我谈话了，想让我竞选班长。"

"真的？好事，妈妈支持。"

"不过，我怕自己不行，没信心。"

"那你想过老师为什么找你谈吗？"

"因为前几天我写的自我介绍比较好，再有，就是军训的时候我没有倒下过。"

"那你就试一试吧！"

"当班长得学习好，还得有威信，还得管纪律，还得……"小伙子说了一大堆。

"那你到底去还是不去呢？"

"我再想想吧。"小伙子若有所思的样子。

小伙子的爸爸回来了，我告诉了他儿子的事情。

他对小伙子说："这事你自己想一下，爸爸也支持你，只要你自己想好怎么做就好了。"

小伙子不作声，睡觉的时候，悄悄和我说："妈，我不想去了，我怕万一做不好，就惨了。"

我安慰他："没关系，只要你想好，不后悔，就可以了。"

小伙子看看我，翻身睡了。

我 的 心 得

到了中学，有的家长就不赞成孩子当班干部了，担心影响学习。其实，孩子当不当班干部并不重要，重要的是他要知道这里所蕴含的责任，以及为这份责任所要付出的努力。孩子一旦提到这个问题了，就要积极地去面对，从不同的角度去给孩子分析。

一个好的班干部，是需要付出很多的。在搞好自己学习成绩的同时，要有开阔的心胸和愿意为别人付出的精神，还要有一定的组织能力和管理能力，这样才会受到老师和同学们的欢迎。如果不能胜任班干部，说明自己在一些方面还有所欠缺，那么就去努力好了。

无论是当班干部，还是不当班干部，都要力争让孩子在"班干部"三个字当中，体会到一些积极的向上的能量，如此，对孩子所在的集体，或者对孩子以后的人生道路，都是有益处的。

7. 正式学习的问题——军训检阅，二等奖哦

8月31日　星期五　晴

"胜利了！"

下午放学回来，一进门，小伙子就欢呼开了，随手把军帽扔在了沙发上。

"哇，你也太疯狂了吧？"我从厨房走出来说。

"妈妈，我们马上就胜利了！今天军训结束了，明天检阅，邀请你们参加哦！"

"好的，好的，我们正好要去看看呢，看看你们这些日子的训练成果。"

"嗯，没问题的。"小伙子信誓旦旦。看来，军训的结果不错。

我拾起沙发上的军帽，呀，全是水，这么湿。

"怎么这么湿呢？全是汗吗？"

"嘿嘿，不是，我们把剩下的水全泼了！"小伙子哈哈笑着。

"你们可真行，就不怕感冒了？"

"没事！"小伙子不屑一顾。

看他开心的样子，虽然担心，虽然想教训他几句，又不想影响他的好心情，只好无奈地看他一眼。

"坚持下来的感觉，好不好？"

"嗯，还行吧。"小伙子倒很淡然，不多说。我知道，他急着去干他喜欢的事情。

看吧，小伙子放松了，倒在沙发上，看着他的漫画书，不时哈哈大笑着。

我里外收拾着东西，看他的样子，满心的幸福。那么一个小小的人儿，怎么突然之间，就长成一个几乎和我一样高的大小伙子了呢？

孩子的成长，很多时候也是对大人的考验啊。军训开始的时候，小伙子的爷爷奶奶打电话，委婉地说别太累了；姥爷姥姥也是天天盯着看，有丁点的不舒服，就紧张得不行。但到底，我和小伙子的爸爸坚持住了，更重要的是，小伙子坚持住了，这对他要开始的崭新的生活，难道不是一个很好的开端吗？

9月1日　星期六　晴

早上，在小伙子的带领下，我们一家三口来到了学校。

呵，人真多啊！那么多的孩子，更多的家长。每个孩子都是军装整齐，一脸的肃穆。看来，孩子们都有点小紧张。不过，这样挺好，有责任心呢！

我们站在了家长的指定区域，孩子们走向了自己的班级。小伙子离开的时候，头也没回一下，大踏步地走了。

阳光灿烂，慷慨地洒在学校的操场上。墨绿的草坪上，是身着迷彩服的一群孩子，深深浅浅的绿，互相映照着，那么美。

我想找我家的小伙子，可是，那么多的孩子啊，那么多的绿色啊，我找不到了。看不见，也依旧搜寻着。周围的爸爸妈妈也瞪大了眼睛，寻找着自己的孩子，悄声说着"怎么看不见呢？在哪里了呀……"

孩子们很快整理好了队伍，一个个整齐的队伍方块。霎时安静下来的操场，让我的心莫名地猛地一紧：有多少时候，不是孩子离不开我们，而是我们离不开孩子。我们的爱，往往成为孩子成长的羁绊。

检阅开始了，在升旗、校长讲话之后，每个班开始了演示。

尽管他们的动作很稚嫩，尽管他们的表情很紧张，但这却丝毫不影响他们的认真，每个孩子都在尽心尽力。

太阳看到这群可爱的孩子，也高兴了起来，使劲地泼洒着阳光。阳光里的孩子，汗水止不住地流，但没有一个人去擦，都在努力坚持着，坚持着向老师，向家长，也向他们自己，展示这些天的劳动成果。

爸爸妈妈们呼啦啦跟着队伍跑几步，寻着自己的孩子，赶紧给孩子照几张相，留作纪念。可怜天下父母心！

终于看到我家小伙子了，小大人一般，认真地走着。小伙子的爸爸远远地看着，我紧跟着跑了几步，孩子就过去了。

孩子啊，终究你是要一个人长大的，而我们也终将要离你而去。

检阅完毕，学校通知家长回去，孩子们回班。老师们要布置一下下午的开学典礼。

中午看到小伙子的时候，小伙子开心地说他们班获得二等奖。我们和他一起开心。

下午放学回来，小伙子直说："累死了。"原来是一下午的开学典礼，他们都是站着的。

我笑了，安慰他："小伙子，你这才刚刚开始呢！"

小伙子感慨地说："是呢，学校刚颁布了很多制度，定的规矩可真多，管得可真严啊！"

小伙子的爸爸说："只要做好了，那些东西对你而言，就相当于没有，对不？"

小伙子点点头，说："爸爸说得对。"

我 的 心 得

　　在孩子正式开课之前，能完满地完成这第一节"军训"必修课，并且能平静地解决其中的小插曲（对这些小插曲，我们要宽容一些，适当的时候，我们也让他们撒撒娇，要要脾气，适度地给他们放松，他们反而会有更好的表现！），对孩子以后的学习，不能不说是一个良好的开端。这时候，家长们的注意力也从关注孩子的身体上一下子转移到学习上来了。转移是正常的，谁都希望自己的孩子有一个好成绩，但不要把这种想法赤裸裸地展现给孩子，不要对孩子说：军训结束了，你要全力以赴地学习了。科目多了，不好好学，就被别人落下了这样的话，会对孩子造成心理压力的。在军训检阅结束的那一刻，要给予孩子表扬，他以自己的毅力完成了自己中学的第一课，多好啊！告诉孩子：中学里最难的一关，你都顺利闯了过来，还有什么可怕的呢？带着这样轻松而自信的态度，去迎接初中生活，还怕没有快乐的日子吗！

第二章　适应中学学习节奏

1. 新老师的问题——我就不喜欢

9月3日　星期一　晴

昨天休息，小伙子要我和他一起去超市，他要去采购新的学习用具，好事，我欣然与之前往。一路上，小伙子掩饰不住自己的兴奋，但又极力地想表现出自己的镇定。

于是，我就给调解一下气氛吧。我开始和他"张狂"地谈天说地，不大工夫，小伙子就现了原形，嘻嘻哈哈起来。

超市里，小伙子十分认真。在文具区，他认真地比较着每一种笔、本，自己嘟嘟囔囔合计着，有多少学科，需要多少作业本，需要多少支笔芯……

不久，推车里就堆满了。小伙子看了看，问我："妈，是不是太多了呀？"

"没事，需要就买吧。"

"嗯，我是想多买点，然后就不用天天来买，浪费时间了……"

"没关系，买吧。"

小伙子有点不好意思了。小伙子能这样安排挺好的，我们就尊重他的意见，慢慢来。次数多了，他就应该知道该怎样更合理地安排。

休息一天之后，小伙子就开始正式上课了。

第一天正式上课回来，小伙子有种失望的感觉。

"妈，你还说初中难，也不难嘛，题都挺简单的啊。"

"刚开始，就下结论啊？为时过早了吧？"

小伙子不作声。

我问："作业怎么样？"

小伙子依然平静地说："没有作业，在学校都写完了。"

我没有再多问，估计第一天知识不会太多，小伙子肯定是完成了吧。

吃饭的时候，我们谈起了班里的同学，他给我介绍着这个同学如何，那个同学如何。看上去，还是很开心的。

能很快地融入集体，并能和同学们好好相处，这本身就是一件幸福的事情吧。

9月4日　星期二　晴

刚开学，小伙子有的是精神。每天上学都是开开心心的，我真的希望小伙子的这种兴奋、高兴能继续。

吃饭的时候，我们又谈起了老师和同学。昨天还是满心的欢喜，今天却突然对某个老师，或是某个同学有了他自己的小偏见。

我开始和他交流，如何来看待新的老师、新的同学。

我说："每个同学都是一个神秘的宝库，你不知道谁身上会有神奇的地方。每个同学都有闪光的地方，只有你诚心和同学们交流，你才会发现这些宝藏。"

小伙子低头不语，只听我说，不赞同，也不反对。

我接着说："老师都是全心全意爱学生的，恨不能把所有的东西都装到学生的脑子里。你看过那么多的故事，看哪个拜师学艺的师傅不是留一手啊？可你看，你的老师们呢？都恨不能把心掏给你们！"

"可是，有的老师，我就不喜欢。"小伙子反驳。

"是，你不喜欢，只能说明，你还没有好好体会到老师的辛苦、老师的心思，只有你体会到了老师的辛苦和心思，你才会明白，这一切其实都是为了你。"

"可是，那课，我也不愿意听啊，怎么办？"

"你说呢？"我反问。

小伙子不语。

"老师就是教给你知识，全心全意地爱你们，而你不愿意听，最后吃亏的是谁呢？再说了，老师有老师的风格，你必须得去适应老师啊，不能让老师来适应你，对不对？"

小伙子继续沉默。

"所有的人都喜欢你吗？"我问他。

小伙子摇摇头。

"是啊，不是所有的人都喜欢你，但是，每个人依然很友好地对你，为什么啊？就因为他们看到了你身上的亮点。同样，对爱你的老师们，你必须去好好配合，好好爱，不仅仅是为了老师，更为了你自己。"

小伙子依然沉默，但是，我能隐约看到他脸上的一丝不安，也许，我说到了他的软肋。

我 的 心 得

正式进入学习阶段，马上就面临了两个问题：一是对知识的接受；二是对老师的接受。

先说这知识，开始的时候无论是感觉容易还是困难，都是一种误解，毕竟刚接触，不能妄下结论的，这时候要及时清除孩子的误解。不能打击他，也不能轻视他，要引导孩子有一个正确的认识。易了，不轻敌；难了，不害怕。他感觉易了，给他说个难题引起他的重视；感觉难了，给他说个好玩的技巧题打消他的顾虑。

再说老师，其实，重要的是要说老师的。新老师，可能有不接受的过程。我们要倾听孩子的意见，让他把自己内心的东西都说出来，再对症下药。在此基础上，帮助孩子认识到，有一名严厉的老师是幸福。同时，引导孩子如何与老师相处，让孩子在一种谦虚的心态下去与老师相处。如果

孩子的抵触情绪实在厉害，家长可以适当地与老师沟通，通过与老师的共同努力，消除孩子的不良情绪。

　　这种情绪，一定要尽早处理，毕竟三年的时间不长也不短，处理不好，会影响孩子的学习。

2. 发脾气的问题——再也不坐公交车了

9月6日　星期四　雨

老天爷真是考验孩子，刚不怎么热了，就又下起了雨。

昨天，小伙子起床了，看到下雨，依然坚持骑着自行车去上学。我说："坐一次公交车试试吧。"

假期的时候，我们坐了几次公交车，实地验证一下，能否乘公交车上学。结果是，如果顺利的话，还是可以的。

小伙子看看天，看看我，答应了。

于是，小伙子快速地吃饭，收拾书包，下楼，比前几天早了五分钟。

公交站牌旁，有几个孩子也在焦急地等待着。小伙子打了伞，站在那里盯着车来的方向。

终于来了。因为下雨，公交车比平时慢了一些，车上的人格外多，几乎是清一色的学生。

小伙子和那几个学生挤了上去，雨中，公交车渐行渐远。

中午回来，小伙子一进门就抗议，再也不坐公交车了，太紧张了。

我问怎么回事，原来，雨天乘车的人特别多，为安全起见，司机师傅开得慢，等到学校的时候，预备铃已经响了。

我等着小伙子发脾气，我知道，他这脾气不是冲谁，只是想发表一下自己的见解而已，所以，我不说话，温柔地看着他。

终于，小伙子安静了下来，就像外面的天，也开始放晴了。

我和他分析了一下原因，他倒也理解，只是，以后坚决不再坐公交车了。

记得当初，我在这里买房子的原因之一，就是距公交站近，方便上学，没想到，用不上了。

这场雨持续到今天，早上小伙子的爸爸正好有时间，就开车送他到学校了。下午放学的时候，他用自己积攒下的零花钱打车回家。

到家的时候，把我们都弄愣了，小伙子怎么这么利索地回家了呀？当我们知道他是自己打车回来的时候，我们明白了，小伙子有自己的见地啦！

我 的 心 得 🖊

　　孩子不高兴的时候，适当地让孩子发一下脾气是好的，他的发泄，也许会给他带来意想不到的清爽心情呢。

　　面对一个突发事件，允许孩子做一个自己的选择，正确了，我们支持；失误了，我们不发脾气，不生气，慢慢分析，正确引导。

3. 被误解的问题——我委屈

9月7日　星期五　多云

天，终于放晴了，虽然还有几片调皮的云，时不时地给太阳罩上外衣，但这却丝毫不能抵挡小伙子高兴的心情："噢，可以骑自行车上学了哦！"

骑上自行车，小伙子开心地向学校奔去。中午，小伙子却不开心了。因为我没有回家，所以就在电话里和他聊了一会儿，他始终没有说为什么，就是不高兴，嘟嘟囔囔的。

一个大小伙子怎么会这么磨叽呢？我想说："你是个男人，不要这么啰

唆，好不好？"

但听那惨淡的声音，如果这样说，又未免有点夸大其辞了，于是告诉他，晚上再说吧。

晚上回到家里，我见小伙子依旧沉默着，泪水却在眼里打转。

我鼓励他："说吧，没事，无论怎么样，妈妈都可以帮你一下的，如果你不说，谁也不能帮助你，对不对？"

小伙子依旧犹豫着。

我的语气显然有点急躁了："你说呀，不说你就这样吧，谁也帮不了你。"

小伙子看看我，终于吞吞吐吐地说了出来。

原来，小伙子上课的时候，和同桌争论一道题，被班长记了下来，说是违反纪律，被老师批评了，而且老师也没有听他的解释。小伙子不服气，觉得委屈。

"这样啊，那你以后轻点声，注意方式不就成了吗？"

"我就知道你会这么说，所以我都不想和你说，说了也没用。"小伙子发怒了。

"难道不是这样吗？如果自己讲究一下方式，注意一下方法，自然就不会被记上了。"

小伙子委屈的泪还在往下掉，看我一眼，不说话了。

"那好了，我们休息一下吃饭，好不好？过去的事情就过去了，好吧？"

"不好！"小伙子大声说。凭什么记我啊？

"那你说怎么办呢？"

小伙子自己也说不出如何。

"所以啊，以后注意就是了，什么事情都是要有规矩的，无论你以什么理由破了规矩，都是要接受惩罚的。好啦，不生气了，好吗？"

小伙子虽然不服气，但还是稳定了一下情绪，表示理解，他有点担心，老师会不会认为他是坏学生啊。

我笑了，安慰他："不会的。怎么会呢，每个学生都是老师的宝，放心吧。"

小伙子看看我，有疑问似的。我冲他笑一下，挤个眼，就都笑了。

我 的 心 得

在学习生活中，孩子难免被误解，在孩子倍感委屈的时候，做家长的一定要表示理解，和孩子耐心沟通，但不要助长孩子的委屈，帮孩子说话，点到为止，更多的要让孩子去努力，去理解，锻炼孩子的受挫能力，也帮孩子炼就一颗宽容的心。

4. 面对挫折的问题——错了两道题

9月10日　星期一　晴

下午小伙子放学回来，脑袋就低到胸前了，我问："不高兴啊？"

"没——有——"这是小伙子的回答，谁都能听得出来，有心事。

"好啦，有事就说。"我试图放松小伙子的心情。

"今天错了两道题。"小伙子那种失望从声音里透露了出来。

"原来如此！"我说，"没关系，找到原因，下不为例！"

"还有呢，作业也多了，估计到十点也写不完。"

哈哈，小伙子终于知道作业多了。看着他的样子，我反而想笑了："怎么样？有体会了？刚开始，不会太难的，可慢慢地，就会难度加大，作业也会增多，这正常啊！"

小伙子小小的压抑的心情一展无遗。

"接受挑战吧。这是小小的挑战，你不怕的，对吗？"我鼓励小伙子。

小伙子呵呵笑了："怕倒是不怕，就是有错题很郁闷。"

"那也没关系，只要你认真仔细地对待，问题应该不大的。"

"嗯。"小伙子看看我，笑了。然后，撒娇一样地问我："妈，你说我能行吗？"

"行，怎么会不行呢？再说了，只要你尽力，一切OK。"

小伙子看着我调皮的样子，笑了，说："知道了，妈！"

我俩相视，哈哈大笑。那小小的压抑，也在这笑声里烟消云散。

结果，小伙子的作业真的到十点还没有写完。小伙子自己有点急了："妈，十点了，真的还没写完呢！"

"你先别急，看看自己有没有浪费时间的地方，是因为题难，还是因为自己没有合理安排好时间。找到原因就好了，不要着急哦！"

"嗯。"小伙子不开心地答应着，继续写作业。

十点四十，小伙子终于完成了作业。他洗漱的时候，我和他分析了一下，到底是作业多，自己的时间安排不当，还是知识掌握得不牢固。

小伙子自己认为，是知识掌握不牢固，有几道题用的时间多了一些。

9 月 11 日　星期二　晴

记得还是小学四年级的时候，小伙子就看了《少年维特之烦恼》，那时候，他说，唉，我也有烦恼了！我笑他，他也笑。可现在，小伙子真的有了细密的小心思了呢！

下午放学一进门，小伙子就说："妈，老师和我好好说话了，老师不误解我了！"

天哪，上周五的事情，他还一直挂在心上呢！我以为，和他说了，也就过去了，没想到，他还记着呢！

今天，老师和他谈心，他开心了，他觉得自己的天清亮亮的。

眉飞色舞的小伙子哼着歌去洗手，哼着歌去拿筷子，哼着歌去吃饭。在歌声里，他就是一个快乐的音符，从这里飞到那里，一刻不停地快乐着、开心着。

老师一个小小的鼓励，老师一句动情的话，老师一个爱抚的眼神，就让小伙子的小心脏波涛起伏！

我的小伙子啊，怎么会如此的细腻？

我看着他，任他在客厅里跳来跳去。

"妈，你看我干什么？"小伙子意识到了我在看他。

"我看你怎么那么高兴呢？和你一起开心啊！"

"哈，你不了解我的心思哦！"小伙子拿起书包，跑到屋里写作业去了。

青春期的孩子情绪总是多变的，而这样的心思，总是倏忽而逝的，抓不住，也许就会给孩子带来一点小小的不快，而丁点的不愉快就会影响孩子的情绪。所以，常和他们坐在一起吧，看看他的脸，听听他的心。

我 的 心 得

开学一段时间后，孩子可能会有一个感觉上的变化：由易到难，或者由难到易，无论怎样，都要给孩子一个接受的过程。他吵，他闹，任其自然，做家长的只需在旁边看着，观察着，保护着，然后，采取他能适应的方法，适应的态度，去理顺他的思想，自然会慢慢好起来的。

5. 感恩的问题——我给老师发条短信吧

9 月 12 日　星期三　晴

"妈，前天是教师节啊！"吃着饭，小伙子突然对我说。

"嗯，是啊。"

"可是，我忘记给小学老师发短信了。那天，我们大扫除，回来的时候，我都要累死了，所以把这个事给忘了。"

我知道，那天他正闹小情绪呢！

"妈，你说，我现在补上，行不行？"

"可以啊，怎么不可以啊！"我支持。

"好吧，你的手机给我，我要给我的老师发短信。"

我递给他手机，他认真地编辑着，告诉他的小学老师，因为自己的原因教师节忘记了祝福，今天补上，并问候老师，现在累不累，请老师保重。

看着他认真的样子，我心里忽然一阵感动，懂得感恩的孩子多好！

记得自己小时候，那样敬重老师，看到老师，手都不知道往哪儿放。后来毕业了，也多少次地想去看看老师，可是，却始终没有勇气。再后来，从同学那里零零星星打听着老师的生活，知道她好，便安心了，但到底是没有去的勇气。怎么了呢？

看看我的小伙子，羞愧啊，还不如十几岁的孩子呢，想做就做，把自己的心思传达给敬爱的老师。

等他发完短信，他说："真怀念我的小学啊！"

"是啊，等你失去了，你就想念了。你想啊，记得当初，你还和我大叫'什么时候小学毕业啊？'现在又想了吧？"

小伙子听了我的话，不好意思地笑了。

"所以啊，等你初中毕业了，你也会想念初中的。好好珍惜现在吧，好好听老师的课，好好和同学们相处，就是你送给现在老师的最好的礼物。对不对？"

"嗯，是吧。"小伙子点点头说，"珍惜现在。"

我 的 心 得

让孩子学会感恩，不是多么困难的事情，也不需要做多么惊天动地的大事，在点点滴滴中，悄悄渲染就好了，在这样氛围中浸润的孩子，自然而然就知道感恩了。

6. 作文的问题——凭什么呀

9月13日　星期四　晴

小学里，小伙子的作文一直还不错。所以，他从来没有担心过自己的作文。

记得幼儿园里，小伙子有个别称"识字大王"；小学里有个别称"词语大王"。

可是，入学的第一篇作文，却让小伙子郁闷了，50分的满分作文，小伙子只得到33分。

小伙子回来的时候，实在是不开心，问我："凭什么才给我那么低的分数啊？"

"小学和中学要求是不一样的，你不能以小学的眼光去看待啊！"

"那也不能减那么多的分吧？"

"你别急啊，给你举个例子，小时候，你要是整理东西，只要放到指定的地方就可以了；现在呢，是不是要求你还得放整齐了，放仔细了？"

小伙子点点头。

"所以，现在的要求也不一样了，小学写得仔细、工整、通顺，有主题就可以了，可现在呢？就不行了，语言得要有文采吧，主题要突出明确吧，还要讲究一下写作技巧吧，等等，这些啊，都得你一点点去适应，去学习。"

"哎呀，你怎么和我们老师说的一样啊！"

"哦？是吗？"

"嗯，今天作文发下来，我就去问老师了，老师也给我分析了，说我还有进步的空间。"

"这不是很好嘛，能自己去问老师，就说明你看到了差距，看到差距，再和老师认真地学习，你会进步的。"

嗯。小伙子点点头，表示认可。

看来，小伙子刚入中学，是有诸多的不适应啊，而这，我们不能急，只能慢慢地引导，引导着孩子一步一个脚印地去适应，去学习。

我 的 心 得

> 对于孩子不认可的地方，就鼓励孩子大胆地去问，去和老师沟通，去和同学沟通，去和家长沟通，哪怕是跌倒了，也要孩子亲自尝试一下。在沟通的过程中，家长要做好功课，要站到老师的一边，树立老师在孩子面前的权威性，所谓亲其师，信其道。

7. 家长不在的问题——好啊，去吧

9 月 14 日　星期五　晴

昨天，接到单位通知，我要外出培训。这是一个很难得的机会，可是，我家小伙子刚刚步入正轨，他爸也总是出差，而我又要外出，能行吗？我忐忑着。

早上，我没有提醒他做任何事情，我在试验一下，他自己完全独立的样子。

起床，吃饭，这些倒也顺利。出门的时候，小伙子就出现问题了。

他在水瓶里装满水，看看表，似乎还早，慢悠悠地拿起书包，坐到小凳子上，愣一下神，拿过鞋子，把脚伸在里面，继续愣神。

我在旁边看着，心急如焚。

我忍住不说话。

小伙子依然不动，愣神。

突然，小伙子大叫一声："坏了，迟到了。"匆忙穿上鞋子就要往外跑。

我抢先一步走上去，把门一挡，说："你不是不着急，磨蹭吧！把鞋子穿好了再说。"

此刻，他的鞋子还没穿好呢。

"不行，要晚了，你让我走。"小伙子不管不顾了。

"不行，必须穿好鞋子！"

看我没有商量的余地，小伙子气鼓鼓地蹲下，穿好鞋子。

我放他走，他匆匆地走了。我看一眼时间，还好，他最多是后几名到校，应该是还不会迟到的。

晚上，我问小伙子迟到没有。

小伙子不屑地说："没有，怎么了？"

"呵，还不服气是吧？我要是不放你，你肯定迟到！"

小伙子笑着跑了。

晚饭后，我和小伙子坐在沙发上看电视。我把要出差的事情慢慢地透露给他，小伙子竟然没有反应，只答应着说："好啊，去吧，我爸值班，我就住姥姥家，放心好啦！"

嘿，看人家，多爽！

我这还纠结呢！

"那要是有签字的怎么办？"

"不用操心，我好好做，让我小姨签，不就好了吗？"

我彻底晕了，人家是真的有我无我，无所谓了！好吧，那我就放心地去吧。

9月21日　星期五　多云

出差前，我把小伙子交给了他的姥姥，他爸也说："放心吧，有时间，我就去看他。"于是，在忐忑中，我走了。

那天刚到培训中心，我就接到了小伙子的短信：妈妈，累吗？到了吗？住得还可以吗？

看着短短的一行字，鼻子一酸，小伙子还是在乎我的，还是他忍不住先给我发了短信啊。

我赶快回了短信。片刻，小伙子回短信："嗯，挺好。你下午还要开会，中午好好休息一下吧，不用回了。"

我笑了，我是要开会，可是小伙子你下午也要上课呀，好的，不回了。

一周的时间感觉很漫长，估计小伙子放学了，我就给他发短信问候一下，可是，每次小伙子都是冷静得不行，丝毫感觉不到他对我有多么思念，我这个心里不平衡呀！看来，不是儿子不能断奶，是我不能断了，呵呵，笑自己一个。

和小伙子分开第三天的时候，小伙子告诉我，他的英语小测验考了97分，因为标点减掉了3分；数学小测验考了99分，因为计算减掉了1分，他很郁闷。

我回短信：应该认真仔细了，你说是吧？

小伙子回复：妈妈，放心吧，我会好好努力的。

在我的牵挂里，终于盼到了回家的日子。

下午，刚一进门，小伙子就冲了过来，使劲抱着我："妈妈，想你了！"

哎呀，真是让我没想到，短信里那么冷静的小伙子，此刻如此热情，我抱着暖暖的儿子眼湿了。

小伙子的姥姥看着笑，说："他这些日子表现得可好了，什么事都井井有条的。"

小伙子听着，腼腆地笑了，我心里热乎乎的。

小伙子跟我说这些天的琐琐碎碎的、班级的、学校的、老师的、同学的，还有他爸忙里偷闲给他买水果来的事。

看着这个分别一周的小伙子，感觉他一下子长大了。我是不是应该反思，该放手了啊！孩子是雏鹰，就应该放飞！

我 的 心 得

孩子长不大，是家长总不放心，所以，可以试着放开，在适合自己的环境下，适度地给孩子空间，真正地让其自由发展，小试一下吧，就趁着出差。你会发现，孩子不是你想象的那样。

8. 孝敬的问题——去看爷爷奶奶

9月22日　星期六　小雨转多云

回家的喜悦，一直缠绵着。早上一起床，小伙子就叫："妈，干吗呢？"

我回应着："准备起床，做饭。"

"那我们回老家吧？"小伙子问我。

我看看天，灰蒙蒙的，小雨淅淅沥沥的，不知道会不会停。

"看看天吧。"我说，顺便问一句，"你作业多吗？"

"不多，一会儿就能做完。"

"那好吧，过会儿吃完饭，我洗衣服，你写作业，天气好了，我们就走。"

因为小伙子的爸爸要值班，所以，回老家看看爷爷奶奶的任务，就由我们承担了。

　　一直以来，只要没事，我们坚持每周去看爷爷奶奶，虽然只有十多公里地的样子，但每天回去也是不太可能的。于是，每周末抽出一天时间，去看爷爷奶奶。慢慢地，也就渐渐地形成习惯。万一哪天有事不回去了，小伙子会问："爷爷奶奶想我们怎么办呀？他们在家里好吗？"

　　从来没有给孩子讲过什么道理，讲过什么是孝心，可是，在这样的点滴里，他知道，老人是需要陪伴的。

　　因为回老家的动力，小伙子的作业效率奇高。我还没洗完衣服，小伙子的作业就写完了，而雨也停了。

　　小伙子兴冲冲地跑来问我："妈，走不走？"

　　我整理一下没洗完的衣服，说："好。然后，我们就出发了。"

　　一出门，小伙子就说："妈，还没给爷爷他们带东西呢？"

　　我笑着，让他看看手里的袋子，我准备了水果和蛋糕。

　　小伙子看了，笑了，我也笑了。我们开心地踏上了去看爷爷奶奶的路途。

我 的 心 得

　　　还是那句话，让孩子学会感恩，不是多么困难的事情，也不需要做多么惊天动地的大事，在点点滴滴中做好就好。

9. 多学一会儿和多玩一会儿的问题——打球去

9 月 23 日　星期日　晴

　　昨天回来，小伙子很开心，晚上电视也看了很久，早上便起得晚了。

　　吃了早饭，我和他商量："作业完成得那么早，要不，再适当地把不太好的学科巩固一下，下午去打球？"

小伙子的情绪立刻凉了下来。

"不愿意，是吗？"我问。

"我看看历史吧，别的科目，没什么好看的。"小伙子应付着我。

"我知道，你就只喜欢历史，所以，就只看这一科，是吧？"

小伙子不作声。

"可是，这样可以吗？要是你只喜欢你长高个，那就只让你长腿好了，脚啊、手的都别长了，然后就变成这样了。我边说，边在纸上画了一个极不协调的人。"

小伙子看了，哈哈大笑。

"你看，这样偏科，行吗？"

我这一问，小伙子立即不笑了，嘟囔着："反正我不愿意。"

"那好，你不愿意就算了。"我告诉小伙子。

也许，我们做家长的就是这么贪心，恨不得他能天天坐在那里学习，能够学到炉火纯青，明知这是违反孩子成长、学习规律的，可偏还是那么做，都是贪心惹的祸！

小伙子听了我的话，眨巴眨巴眼睛说："这样吧，我自己选择一下，做点习题，背点书，好不好？"

"好啊。"我见好就收。

小伙子自己复习了一会儿，就要求去打球了。

我想，效果不会好的，他不开心做啊！看这一会儿的书，想必是应付我吧。我也不多说了，听他的，打球去。

我 的 心 得

偏科的问题说过了，就慢慢纠正孩子。在是否多学一会儿的问题上，还是和孩子商量好，争取一下效率吧。

10．和女同学相处的问题——妈，她掐我

9 月 24 日　星期一　晴

"妈，我要调座位。"

小伙子一进门，就硬邦邦地扔给我一句话。

"怎么了？"我从厨房出来问。

"就是调座位，我坚决不和王雨晴同桌了。"小伙子那个气愤，那个委屈呀。

"好好说，不要这么激动，好不好？"

"我也就是看她是女生，不和她计较，可是，也没有她这么欺负人的啊！"小伙子的泪来了。

我安慰着小伙子，让他坐下，等他平静了，让他慢慢说。

"我同桌和我分三八线，我不同意，她就掐我，我看她是女生，就不和她计较，分就分。然后，上课，我不和她说话，她也掐我。她是学习好，也不能这么欺负人啊！"小伙子委屈得大叫起来。

我呵呵笑了，表扬："有男子汉气概，大度！"

"大度什么啊，光剩下挨掐了！"

"你和她好好谈谈呀！"

"谈了，不管用啊！"

"那必须调座位吗？"

"必须！"

"可是，你和她同桌，就没有好处吗？"

小伙子想了想，说："嗯，有，就是对话（英语）练习的时候，配合默契，说得特别好，老师还表扬我们呢！还有，就是做题的时候，我们可以对一对答案。"

"哦，这样看来，还是有很多优点的，是不是？"

小伙子自己分析完，平静了许多。可当我这一反问，小伙子又激动了："可那也不能天天掐人啊！"

"就没想到解决的办法？"

"没有。"

"那好吧，妈给你想想办法，好不好？我给她写封信，试一试，你看如何？"

小伙子听了，思考了片刻，说："也行吧。"

等小伙子平静下来，我们先吃饭，然后，我认真地起草了一封信，力争写得活泼、亲近，让她感觉到我的真诚。

写完后，我让小伙子看看，他改动了几个用词，然后说："还行吧。"

于是，我重新抄写了一份，让他带给王雨晴。

我期待着明天的结果。

9月25日　星期二　多云

下午放学回家一进门，小伙子就带着敬佩的神情对我说："妈，还真行！"

我装作不懂的样子问："怎么了？"

昨天给王雨晴的信，王雨晴看了说："你妈还挺好玩的。"

"然后呢？"

"然后，她就不掐我了。不知道以后，反正，今天挺好的。"

"你看，凡事只要你用心去解决，总能挺好的，是吧？"

小伙子点点头，说："不过，妈妈，对不起哦。我自己的事情，自己没有解决好，还是麻烦妈妈了。"

"没关系，只要小伙子能好，以后遇到事情能想出解决的方法来就好

啦。"我轻描淡写地说。

小伙子答应着。

好心情，让小伙子写作业的速度也加快了。可是，到最后却出现问题了。

小伙子连地理经度、纬度也弄不清楚了，这个急呀！

我和他一起分析，讲给他听，但他就是弄不明白。开始，还很有耐心，可慢慢地，他自己就着急了，泪水一次次地要流出来。

我安慰他，和他一起分析着，吸收着。

眼看就十一点了，我说："不看了，放一放，也许明天就能明白了！"

"不行！"小伙子坚决地说，无论我再怎么解释，小伙子一定要弄明白了。

看着他，我是又喜又急。喜的是，他有钻研的劲，急的是，不能合理安排时间。

既然不能劝他，我就陪着他。

时间一点点地过去，小城安静得几乎没有了声音。

终于，快零点了，小伙子一声高呼："妈，我明白了！"

然后，他滔滔不绝地给我讲了起来，那个兴奋啊！

我也和他一起开心着，等他钻进被窝的时候，他还说："妈，弄明白了，收获的感觉真好啊！"

我 的 心 得

同学之间发生矛盾是很正常的事情，这时候，一不要责怪孩子，二不要责怪对方，三不要找老师家长，让孩子自己解决好了。在解决的过程中，家长充当一个"和事佬"的角色更好一些，在这个过程中，树立起孩子的威信，让事情有一个圆满的结局。实在不行的话，再请老师家长出面，力求事情解决得温和一些。

11. 第一次月考的问题——妈，要月考了

9月26日　星期三　雨

小雨淅淅沥沥的，深秋的季节，有点凉。

早上起来，小伙子说，"妈妈，我要月考了，得加油了！"

"哦，没事，"我说，"只要你努力就好了。"

小伙子穿上雨披，推出自行车，在细雨中上学去了。

晚上，小伙子把所有的书都摊开，看着那一桌子的书，我真不知道他要看什么。于是，我说："你要看哪一科呀，怎么安排啊？不能这么乱糟糟的吧？"

"好了，妈妈，你不用管了，我自己安排，好不好？"

"好啊，就怕你乱了套。"

"放心吧，没事。"

小伙子关上门，再也不理我，继续他自己的复习。

我收拾着自己的东西，之后拿过一本书读。

时间一点点地过去了，小伙子的屋里还一直有断断续续背书的声音。

我进屋，说："儿子，行了，该休息了，不然明天的精神状态就不好了啊！"

"嗯，我再背一会儿书吧，不太熟的，明天下午就开始月考了，不然，会考得糟糕呢！"

"都说临阵磨枪，不快也光，可是，你这样熬夜也不是办法啊！"

"我知道，就这一次，好不好？妈，我求你了……"

小伙子说着，就把我推了出来。

我在客厅看书，直到十一点多了，小伙子才洗漱睡觉。

9月27日 星期四 晴

一场秋雨过后，温度低了，真是天凉好过秋啊！

小伙子睁开眼，爬起来，收拾书包，吃饭上学。今天，小伙子的节奏比以往都要快，用他自己的话说"下午就上战场了！"

说这话，也许是小伙子心里紧张吧，那我就笑呵呵地替他放松一下："没事的，拿着枪冲！有啥算啥！"

"那枪呢？是不是就是我的笔呀？"小伙子明知故问。

我笑着点了一下头，他也呵呵地笑了。

中午，小伙子回来得晚。下午就考试了，他怎么还回来得那么晚呢？

等他回来，我才知道，因为下午分班考试，同学们都在学校里大扫除。

小伙子说，同学要请他吃饭，让他不要回家了，他没答应，怕家里担心。

我表扬了小伙子，做得对啊！本来就要考试，时间紧张，一起去吃饭，打乱了平时的学习节奏，会耽误时间的；再有，出去到小吃摊吃，有的卫生条件不好，会引起疾病的。

小伙子没有反驳，说了声知道。

下午考试回来，小伙子一脸的平静。我没有问考得如何，倒是小伙子坚持不住了："妈，你怎么不问我考得怎么样呢？"

"问了能怎样？反正已经考完了，也不可能更改了。只有知道成绩以后，找到自己的不足，以后努力就是了。眼前，你准备下一科就好了。"

我说的时候看也没看他。我是不敢看，看了，就不知道又引出什么样的话题了，干脆点，装作若无其事。

小伙子嗯了一声，听不出他是什么态度。

他的这种平静也许是考试良好，也许是考试一般。不过，无论如何，能有这种平静的心态，就是一种胜利。

9 月 29 日　星期六　晴

中午，小伙子忽然要求中午不回家吃饭了，说是时间紧张。

我仔细看了他的考试时间表，和他分析了一下时间的分配，结果证明：中午回家吃饭，时间绝对充足。

小伙子面对这样的分析结果无语，垂头丧气地说："好吧，回家。"

我猜，肯定是同学叫他在外面吃，然后一起玩。考试结束一半了，他们都有点放松了！

我怕中午他不回来，就悄悄去了学校门口。还好，放学后的小伙子和同学们在一起说了一小会儿话，然后各自骑着自行车回家了。

今天是考试的最后一天，小伙子的平静终于在回家的那一刻爆发。他把书包扔到沙发上，大叫："妈，我们放假了，考完了，八天的长假呀！"

我看着他，不语，只笑。等他疯狂够了，我才说：留作业了吗？

"哎呀，妈，能不能不说作业？留作业了，我有自己的安排，好不好？你放心好了！"

我当然放心，我不过是给昏头的人提个醒而已。

"哼！讽刺我？"小伙子反问我。

"哪里，你不是清楚嘛！"

小伙子哈哈笑着，扑到我身上来。我俩笑做一团。

不过一个小小的月考，就让小伙子有这样的起伏。当然，我觉得更让他心动的是八天的长假，他是要好好玩吧！

9 月 30 日　星期日　晴

中秋又逢国庆。

我们回老家了，和老人们一起过中秋。小伙子的心情是轻松愉悦的，老人们也是喜笑颜开的，我和小伙子的爸爸准备了水果、蔬菜之类，准备要好好过一个中秋。

每日里匆匆忙忙，似乎慢待了老人，而老人们，却又是那么理解我们，

时不时打电话说：没时间就不要回来了，打个电话就好了，你们忙吧！

而我们，把这看作是老人们对我们的疼爱，却从来没想到，他们何尝不是想儿孙绕膝，说上一会儿话呢！

到家了，小伙子把东西拿给爷爷奶奶，爷爷奶奶答应着，脸上泛着浓浓的喜悦的光。小小的院落，还有正开的月季，挂了果的柿子树，似乎都欢快地乱颤起来。我忽然感到一片温暖，眼睛湿湿的。

想每日里，我们奔波、忙碌，图的是什么呢？而这其乐融融，又似乎都被掩在所谓的快节奏生活里了。但我们真的就不能挤出一点时间，来看看我们的父母吗？

月亮慢悠悠地出来了，饭菜也热腾腾地摆上了，人也笑嘻嘻地坐下了，一个快乐的中秋，幸福地开始了。

我们欢笑着，自然而然，话题落到了小伙子身上。大家问他的月考感觉如何，他不好意思地笑了："我猜猜也行，但不能扫大家的兴啊！"

大家一致表示没关系。

小伙子想想，说："前三名的可能性为百分之零；前十名的可能性为百分之二十；前十五名的可能性为百分之五十；前二十名的可能性为百分之百……"

哈哈，大伙儿一下子被他的预测逗笑了。我也没想到，小伙子会以这样的方式给我们答案。

小伙子，真的不仅仅是那个胖乎乎的宽同学了。

欢声笑语里，我们迎着月儿圆；欢声笑语里，我们庆着祖国美。

我 的 心 得

从开学到第一次月考，是孩子信心树立的关键时期。而且，如果第一次月考孩子能适应的话，后面开始的初中生活也会平坦一些的。

但这一个月，却是波澜起伏。老师的接受，同学的交往，自己的急躁，课程的增多，心情的疏导，大大小小、零零碎碎的事情，总是没有消停。我们和孩子一起经历着，也一起承担着，说不急，是假的，但总是要淡定啊。

总算走过了这万事开头难的第一个月。

哦，对了，考试期间，孩子提出的所谓的请求，如果不合理，打乱节奏，就毅然决然地回绝吧，别让他的心乱了方寸。这，得是我们做家长的把握。

第三章　从月考开始改变

1. 月考成绩的问题——初中和小学就是不一样

10 月 8 日　星期一　多云

早上，手机的起床铃声"义无反顾"地响了起来，我在客厅门口看着卧室床上那个小伙子。只见他伸手抓住手机，摁下停止键，之后就一动不动了。

我看着墙上的挂钟的秒针一下下向前，听着卧室里均匀的呼吸，心，一点点地揪紧，小伙子啊，你说能起来的，怎么还不动啊？今天是开学第一天啊！

到底是我熬不住了，六点二十，我走进卧室，拉开了窗帘，看看他，张张嘴，没出声。

小伙子听到我的声音了，问："妈，几点了？"

我控制住自己的情绪说："自己看吧，昨晚说好不叫的。"

小伙子不情愿地看了一下，腾地起来了，动作那叫一个快。他知道，再不迅速就迟到了。

我那几欲发火的心，终于平静了下来。

看着这个心怀心事的小伙子匆匆上路，我也去上班了。

中午，我忍不住给他打了电话。

"您拨打的电话正在通话中，请稍候。"

电话里小伙子学起了忙音的提示语，我咯咯笑了，小伙子也哈哈笑了。

"怎么样，上午还好吗？"

"嗯，还凑合吧，分数下来了——数学、英语、政治和语文。"小伙子中间喘了一口大气，卖了一下关子。

"怎么样？我的心好像很紧张哦。"

"数学109分，英语108分，政治94分，语文……"

小伙子停顿了，然后说："91分（语文、数学、英语满分分别为120分，历史、地理、政治和生物满分分别为100分）。"

"你知道吗？我们老师说，这次普遍压分的……"

小伙子急着解释，急着给自己不满意的成绩一个合理的解释。

我说："考不好，没关系，自己分析原因了吗？"

"嗯，嗯，我知道，我分析出原因来了。"小伙子滔滔不绝地给我说了每一个错题的原因，头头是道的样子。

我说："不说了，好好休息，晚上再说。"

小伙子见我如此淡定，又嘻嘻笑了："哎呀，看下午那几门吧。"

下午放学回家，我一开门，小伙子垂头丧气："妈，总分648分，排名1000多名了。"

"是吗？"我看他的样子，心有点疼，多小的孩子啊，就要承受这样的压力。

我看他，他向屋里环顾一下，很惊喜的样子说："我爸没回来？"

我点头说是，他兴奋地叫开了："太好了！"

"你就这么不愿意你爸在家呀？"

"不是，妈妈，我可以轻松一下了，我怕我爸听说我考这么点，那眼神……"

小伙子没往下说，做了个鬼脸。

我被他的样子逗乐了。

"妈，你真相信我考的吗？"

"嗯，有点信，又有点不信。是不是684分呀？"我笑着。

"哈哈哈，算你聪明！"小伙子终于露出了本来面目。其实，我也是试探着说的。

"妈，我也没想到自己能进前十名，真的挺出乎我的意料的。"看着他有点得意的样子，我和他一起笑起来。

吃饭的时候，他开始给我分析班里第一名和第二名的学习方法和精神状态。我听得很吃惊，以前他几乎是不讨论这些的，而且总是说能听懂老师的就行了，从不深究。

放下筷子的时候，他说了一句："唉，初中和小学就是不一样啊！"

我心里颇多感慨。想当年，自己哪里有这么多的心思，纯粹小屁孩一个啊。

等我收拾完了，我们分析了一下失分的原因，结果，让小伙子大为恼火，那些竟然都是他自己马虎大意的结果。不然，他会勇夺班级第一名的。

但转念，他又笑了，不怕，不怕，还有下一次。得意忘形的劲头就要显现。

我瞪他。他说："妈，给我泼点冷水吧，打击打击我，让我清醒一下，不然，我就完蛋了。"

我瞥他一眼，看你那点出息，就这还得意忘形。

他嘿嘿笑了。

小伙子的爸爸回来了，听到动静，小伙子悄悄问我："爸爸知道成绩了吗？"我点点头，他吐吐舌头。

小伙子的爸爸推门看看小伙子，笑着打趣："怎么样？小伙子，又胖了？"

然后，小伙子轻松地笑起来，和爸爸说了一通做事要认真，做人要正直之类的话，就各回各屋了。我纳闷，他们怎么讨论这个呀。

夜深了，我们和小伙子相互道晚安。睡了。

10月9日　星期二　雨转多云

做好晚饭，我家小伙子还没有回来。我看看表，望望楼下，有点小心焦。电话响了，陌生的号码。

"妈，老师放学留下我们谈心了，晚回去一会儿，别着急啊！"拿起电

话，是小伙子急促的声音。

我长长地松了一口气，拿过书，看几页，耐心地等着。

门铃终于响了，小伙子气喘吁吁地进来："妈，我得买书，行不行？"

"什么书啊？放下书包慢慢说。"

我们边吃边聊。

原来，老师把班里前十名学生留下，详细分析了一下每个人的情况。小伙子自己有点着急了。我心里窃喜，他可是从来不着急的，这是不是预示着小伙子自己知道该如何努力了呢？

我们老师说："我这下巴下有眼睛……"

我看他，疑惑老师怎么会这么说。

"上课的时候，我手里特爱拿着笔，我也在听课啊，可是不由自主地就把笔拆开了，然后又装上了。当然，我也不低头，老师看见了，以为我玩，叫我回答问题，我都还知道。其实，我自己也不知道怎么会拆开呢……"小伙子说着一脸的无奈。

我呵呵笑了："这真的挺可怕的，起码说明你没有全神贯注，是吧？那你如何做？"

小伙子点点头，以一种没有商量的语气说："改！"

我现在是"亚历山大"呀！看着小伙子一本正经，我扑哧一声笑了。

"真的，妈，我这次成绩纯属侥幸。老师给我分析了五个圈，这五个圈都是我马虎大意的地方，是必须改掉的地方。而且，这也说明我的学习方法不对，我必须要掌握正确的方法，不然，下次就可能被挤掉了。"

小伙子又忧心忡忡起来。

"嗯，很好，能意识到自己的问题在哪里，还能够找清楚原因，并且知道努力的方向，这就是很好的开头了。妈相信你。"

"唉，只你相信我也不行啊，我得努力啊，所以，我得买书，各科的习题册我都得买。"

"那你能做完吗？"我有点怀疑小伙子的时间安排。毕竟学校里老师们布置的各科习题已经不少了。

"能，放心吧，我有时间就做，总能行的。"

我本不想再让他做了，可是，又不愿意打消他的积极性，于是我同意了。

睡觉前，小伙子爬出被窝，对我说："班里要竞选班干部了，我要不要参加啊？"

我说："你怎么想的啊？"

小伙子看看我，没说什么，扭头睡了。

我站在他床边，看着他乌黑的头发，心里煞是不平静。

"亚历山大"，怎么会有如此幽默，又让人有点心酸的词呢？

我 的 心 得

　　无论孩子第一次月考的成绩如何，都要正视。毕竟，这是万里长征的第一步，走好固然重要。如果失利了，就和孩子一起分析吧，迎接第二次月考的检验。

2. 做课外习题的问题——"亚历山大"

10 月 10 日　星期三　晴

今天小伙子又回来晚了。自行车链子断了，小伙子很懂事，先给我打了电话，告诉我们不要担心，然后推着自行车回家。

他姥爷去接他了，我也下楼去了。

路灯散淡地发着光，我寻找着路灯下小小的人儿。

也许是心情所致吧，路灯下，我看见骑自行车带着宝宝的妈妈匆匆而

过；我看见骑着自行车放学的中学生疾驰而过；我看见背着大书包的学生在公交站牌下焦急等车，忽然眼睛一湿。我似乎能看见，那些爱，那些奋斗，那些执着，浸染着这美好的生活。

我抹一下眼睛，赶快找我的小伙子。

终于，看见一个胖胖的小身影背着大书包，推着自行车，在路边走着。

我叫着就迎了上去。小伙子看到我，伸出油乎乎的小手说："链子断了！"

"没关系，安全回家就好"。

小伙子知道姥爷也去接他了，直说："辛苦他老人家了。"因为他没碰到姥爷，我就急忙打电话报了一声小伙子平安回来了。老人家知道小伙子回来，就放心了。

因为自行车事件，晚饭后，小伙子写完作业有点晚了。我说早点休息吧。

小伙子不睡，说还有练习题没做。

我知道，是他自己新买的练习册，他要把刚学过的一章没有做的练习做完。可是，七门学科呢，怎能一下子做完？

我劝他，无效。

十点多的时候，小伙子已经是趴在桌子上写作业了，状态明显不好，估计效率也不会多高。我劝他，不能一口吃个胖子。

他仍坚持。

我忍住。

快十一点了，我再劝，他还是不听。我终于怒吼了："虽然你这样学习是好事，但是却没有效率，浪费了那么多精力和时间，还不如去睡觉呢！如果愿意做，就提高效率，有时间再做。"

然后，我把他的书一股脑地给收拾了起来。

小伙子生气了，眼里含着泪，不情愿地洗漱睡了。

我准备好明早的早餐，回到卧室，在一张小纸条上写道：儿子，不要

"亚历山大"，磨刀不误砍柴。

我希望今晚的着急，不要让儿子误解。

我 的 心 得

　　　对于课外习题，多做自然好。但在效率不高的情境下，还是适可而止吧。课外习题，要合适才是最好的。当然，我这做家长的发了脾气，实属不该，所以，快找个方式弥补，毕竟，孩子的出发点是好的，给个机会，让他理解，以便沟通！

3. 还是和女同学相处的问题——接受不真诚的道歉

10 月 11 日　星期四　晴

早上起来，我偷眼观看小伙子的表情。小伙子很淡定，按部就班地起床吃饭，准备上学。我忍不住没出息地问了一句："看见小纸条了吗？"

"看见了。"小伙子很平静地说。

我没多说，然后我们一起下楼。分别的时候，他照样挥手说："妈妈，再见！"

我也说："一天开心哦！"

可是，下午放学的时候，小伙子是哭着回来的。一进门就倒在床上，一声不吭。

无论我怎么问，就是一声不吭。

我佯装生气地说："你这样不说话，是成心让妈妈担心吗？说出来，我们一起解决好不好？"

小伙子还是担心我生气，终于说话了，虽然那么大声地叫着说："以

后，我再也不受这样的气了！"

原来，下午放学的时候，几个男生和他一起玩时，说他胖，打他玩。

小伙子说："谁要打我，就不是男的。"结果，那几个男生一哄而散，去叫来了他的同桌王雨晴。

不管三七二十一，王雨晴用笤帚打了他的后背和胳膊，小伙子疼哭了。

小伙子怒吼着："不管怎么样，我也不能打一个女生吧！"

小伙子的泪水哗哗地流。

我看着，心疼，沉默着，等着小伙子把心里的不快发泄出来。

然后，我开始慢慢地和他讲。

小伙子心里委屈地说："原来她总是掐我，我原谅了，可是现在怎么还这样呢？还有，最让我伤心的是，我小学同学徐云航起哄打我，竟然是他挑头的，小学六年啊，竟然可以这样。"小伙子泣不成声了。

我安慰他："同学们是无心的。"小伙子不服气。

"那我们怎么办呢？"我征求小伙子的意见。

"告诉老师，不行，会让老师误解的；找她打架，不行，会给班里扣分，还有英语课上就没有对话的同桌了；自己忍了，不行，我委屈……"

小伙子自己分析完了之后，又怒吼："怎么办啊？"

我等他慢慢平静了，继续和他分析。他说："算了，也不告诉老师，也不和同桌说了，不了了之吧。我忍了。"

我无语，点点头。小伙子没有吃饭，就去写作业了。

这时候，我去楼下悄悄和班主任老师通了电话，希望老师能帮忙，疏通一下小伙子的心理。当然，我没告诉小伙子，他不同意告诉老师的。老师很热心地和我进行了沟通，请我放心。放下电话，我心里轻松了许多，谢谢老师那么晚还接听家长的电话，她也真的不容易。

睡觉的时候，小伙子说："妈妈，我胳膊疼。"

我抱他一下，说："没事，妈妈给你揉揉。"

小伙子噘着嘴，抱抱我，睡了。

我 的 心 得

　　我知道，他的心里是一百个不情愿，可是，小孩成长的过程中，总是会有这样或那样的意外，小伙子，你只能自己学会接受，学会处理。

　　今天，你的处理让妈妈很满意，虽然你看似受了委屈，可是，你的内心拥有了宽容的种子，这会让你好起来的，而且会越来越好。

10月12日　星期五　晴

　　早上小伙子什么也没说，就去上学了。我多想说一句："别往心里去，别耽误学习啊！"

　　可是，我张张嘴，还是什么都没说，但愿他能自己调节过来。

　　中午，小伙子去姥姥家吃饭，我没敢打电话，我憋住，我怕，万一要是小伙子早忘记了这些事，我一说，岂不是乱套吗？

　　只能等着他下午放学再说，我却是有点度日如年了。

　　终于听到楼下门铃声响了，我赶紧开门。

　　小伙子上楼了，满脸的汗。

　　"怎么样？"我迫不及待地问。

　　"挺好。"小伙子不在乎地很自然地说。

　　"那……那……王雨晴……？"我结巴着，不知道该怎么问。我担心，是顺其自然地过去了呢，还是他和同学们之间经历一点小小的波折，我怕我的问题惹到他。

　　"和我道歉了，那么不真诚的道歉。"小伙子不屑地说，似乎有很大的不满。

　　"哦，道歉就说明你们好了？没事了吧。你看，我说了，只要你宽容一

些，什么事情都会好起来的。"

"哼，还不是老师找她谈话，和她说了什么，回来之后嘻嘻哈哈地和我道歉。"

"那就好了，说明她知道，到底还是她错了嘛！"

"我不和她计较，我接受她不真诚的道歉。"

小伙子扬扬手，什么都不在乎的样子。看上去，显然还是不平静，但情绪却稳定了许多，是接受的样子。

我紧张了一天的心，长长地松了一口气。

我知道，十几岁的孩子情绪波动的时候，是会影响学习的，而那么多孩子生活在一起，怎么会没有磕磕绊绊呢？所以，只有让孩子学会接受和调节，才会有一个好心情，才会愉快地去接受课堂教育。

我 的 心 得

　　还是和同学的相处问题。不过，这次变成了摩擦，故意的摩擦，这更需要冷静啦！许多时候，孩子总是要学会接受的，公平的和不公平的，而这样的心智，不是一朝一夕能完成的，从小就开始吧，学着宽容，学着接受，学着应对。当然，必要的时候，和老师的沟通一定是要及时、充分、迅速的，将不必要的不快以最快的速度解决。

4. 家长发脾气的问题——乖，不生气啊

10月14日　星期日　晴

月考后的第一个周末，小伙子过得太轻松了。周五放学回家，就拿起了漫画书，看得嘿嘿直笑。

"作业留得多吗？"我有意无意地问一句，本意是想提醒他，要完成作业再看。

"差不多了，还剩一点儿。"小伙子眼皮都不抬一下，就打发我了。

"终于可以看我的'特种兵'了。"晚饭后，小伙子撂下筷子，直奔客厅，打开电视。

国庆节的时候，小伙子迷上了《我是特种兵之利刃出鞘》，那群阳刚的小伙子，成了他的偶像。我也被吸引，和他一起看，旁敲侧击地让他和那些士兵学学。他听了，嗯着点头，至于是否进入内心，就不得而知了。

周六早上，小伙子起床那叫一个懒！我叫他，他爸叫他，他哼哼着："哎呀，好不容易补上我的觉，别叫了啊！"

他翻过身子，用被子蒙头，那么大的不耐烦。

我对他说："那我们收拾完了，自己去爷爷奶奶家啊！然后，我们各忙各的。"

每周我们都要带着小伙子去爷爷奶奶家，这么多年，已形成习惯了。所以，他怕被丢下，虽说不情愿，但还是坚持起来了。

我偷笑。小伙子，从小就得让你知道，老人是用来孝敬的，而孝敬，就从抽空陪老人开始。我家这小伙子，表现还不错。即使我们不说，他也会说："我们去爷爷奶奶家吧。"

出发前，小伙子飞快地吃了饭，就去写作业了。嘿，还是很认真的样子呢。

等我宣布出发的时候，他高兴地叫着："我只剩下两项了！"然后，自己找了一个塑料手提袋，要带着作业。

我严厉制止，说："去看爷爷奶奶，就是为了陪他们，不用带作业了。再说，去了也不能安心写，这样没有意义的。"

小伙子自然很不高兴，说："有时间就写，没时间就算了，带着吧。"他求我。

我依然不同意。可就在我下楼的时候，小伙子提着塑料手提袋跑了出

去。我无语。

带作业的结果是：写了极少，质量极差。

回来后，我现场判案，让他自己说，带作业的滋味好受吗？

他默不作声，我不再多说。

今天，他早早地把作业写完，申请了一个小时的用电脑时间，办手抄报。

我借此让他看《数学周报》，他不情愿地和我讨价还价，只做我指定的题目，不再多做。我勉强答应，故意找了他容易出错的题目，他果然中套，然后，垂头丧气地和我怒吼了两句，倒也做题去了。

唉，我们这些家长啊，总是这么贪婪，总是愿意孩子多做点，再多做点。

做完题后，小家伙专注地干起了一件事情：看电视——动画片。

一个多小时过去了，他还赖在沙发上，还在看电视。我又忍不住了："要么看看书，要么运动一下，还赖在这里？你自己买的那些书都看完了吗？你要不做还有什么意义呢？还不如痛快地玩呢……"

"好啦，妈，你不要管了，我有自己的安排，好不好？"

"好，好。"我继续让自己平静，不再提醒他。这个轻松的周末过去之后，他会怎么样呢？

10月15日　星期一　多云

到底是贪睡的家伙，早上，铃声响了，小家伙依然不动，没办法，我提醒了两次，终于起床。

我看着迷迷糊糊的他，坏笑。他明白，白我一眼："笑话我起不来，是吧？"

我哈哈大笑，点到为止，小伙子知道自己该怎么做吧。

下午放学回家，我的"好脾气"没有持续。做完作业，他让我签字。我放眼一扫，发现数学一道规律题错了，于是，就给他指出来。

他一脸的不高兴，趴在桌子上，不情愿地看着题，可却没有丝毫动静。

我说："你看题啊！"

"啊，看着呢！"

我看他那表情，眯着眼，嘬着嘴，好大的不屑。

我又说："认真一点，好好看看，你应该会的。"

"不会！你讲啊！"

小家伙竟然怒吼冲天了。我一下子急了："你愿意改就改，不愿意改就算了，干吗那个态度呀？"

我使劲一拍桌子，转身离开，我不敢保证，接下来我会不会更冲动。

我去卫生间洗袜子，他在屋里没了声音。

过了二十来分钟，他叫我："妈，给我签字吧！"

我走过去，看他的作业，题改了过来。需要签字的作业摆在桌上，我看过后，这样签了字：已完成，书写不认真，让该生重写，该生没有重写。

他看看签字，看看我，想说什么，没有说出来，嘴里嘟囔着："行，就这么签，看能怎样。"

我瞅着他，心里那个气呀，怎么就不能认真一点呢？

小家伙不顾我的态度，拿起作业，收拾书包，准备明天的课程。收拾的时候，心情忽地放晴了，哼哼地唱起了歌，高兴地说："妈，我再也不怕地理了，全会了。"

我真是哭笑不得，问："怎么会的？"

"自己做题，求我同桌给我讲。同桌就提一个要求，听不懂就踢。现在同桌不揣我了，改踢了。"

他自己边说边笑边得意。

还没等我反应说什么，他又接着说："我们不是竞选班干部吗？我想了，我不参加，我就竞选英语科代表，行吧？"

"行啊，只要能负责就好。"我冷冷地说。

"嗯，应该行吧。妈，别生气了啊，我不就是态度不好嘛？"

我刚想说什么，他马上摸着我的头说："乖，不生气啊，我真的不愿意你啰唆，我自己想不行啊？洗澡睡觉啰！"说完，拿着睡衣就跑了。

唉，真是小孩子，我这情绪还没转过来呢，他却是三变脸都不止了。

看来，还真是不好对付呢。

我这可怜的小心脏啊。

我 的 心 得

这次，是家长应该做检讨了。孩子的情性是天然的，克服是需要时间和方法的，而作为家长的我，却发起了很大的脾气，幸亏孩子能及时接受，才避免了一场更大的"战争"。更要提醒家长的是：不能再和这叛逆的孩子继续"叛逆"下去了，发脾气，当止！否则的话，后果不堪设想。

5. 面对弱科的问题——说说地理

10月16日　星期二　小雨

早上起来，天阴沉沉的。我看看天，很冷的样子。

我对小伙子说："天冷了。"他说："没关系。"

我看看他，没说什么，我真怕这个小伙子面对即将到来的严冬会退缩。

树上，落叶已经是稀稀疏疏的，深秋的冷，寂静的人有点心慌。

看着小伙子的背影，心里一阵发紧，孩子，你的考验已经开始了。

果不其然，九点多的时候，小雨带劲地下了起来。果真是一场秋雨一场寒啊，一出屋，就感觉冷气逼人。

中午，小雨没有停，似乎小了一些。不知道小伙子怎么回来。

不大工夫，小伙子打来电话，他竟要自己骑自行车回来。我说："不是下雨了吗？早上给你钱，可以打车的嘛！"

"嗨,打什么车呀,这点小雨,没事。"

听着他颇有几分得意的语气,忽地感觉是不是自己太小心了,其实,他已经长大了!

可是,他打来的电话不是为了告诉我如何回家的,而是"质问"我,为什么没有给他签字!

怎么会呢?明明昨晚给他签过!

"是我的英语听力!"小伙子耐心地提醒我,几天前告诉我的,要把他每天的听力记下来。

我想想,确有其事,不得不承认。然后,小伙子有点垂头丧气了:"好了,你不给我签字,我挨罚了!"

没办法,我的责任,我必须承担,于是,我给老师打了电话,说明情况。

小伙子叹口气,说:"你也有犯错的时候啊!看来,这做家长的也容易让孩子抓住小辫子,给他们做个表率还真不容易啊!"

下午,小伙子自己穿着雨披顶着雨去上学了。风雨中的小伙子,你要顶风冒雨啦。

晚上的作业小伙子完成得出奇的早,睡得也早。

可是,躺在被窝里,小伙子又来了精神,和我唠叨了如何学地理的事情,我耐心地听着,和他分析如何学好它,打消他的顾虑。

看来,这成了小伙子的心病。

我 的 心 得

孩子一旦有怵头的学科,不要和孩子一起怵头,和他一起学习。哪怕自己真的怵头,也要和孩子迎难而上,给孩子做一个榜样,不求最后成绩最好,只求孩子尽力,不后悔。当然,家长一定要介入孩子的学习,不是陪读,而是陪伴。

6. 无赖的问题——睡一觉的感觉真好

10 月 17 日　星期三　晴

"妈，累死了！"

这又是小伙子下午放学回家的第一句话。

"那就快点写作业，写完睡觉呀。"我接过他的话。

"哎呀，今天的作业还不得写到十点！站了一天，都没法做笔记。"小伙子埋怨着，站在卫生间里发愣，他本是要去洗手准备吃饭的。

洗手出来，小伙子一头倒在沙发上，有气无力地说："妈呀，我快累死了，整整站了一天哪！比军训还累啊！"

"那有什么办法，这是你自己必须承担的结果。"

"可是，我就不服气，凭什么记下我的名字啊？我又没说话。"

"好了，别不服气，你是不是做得不好啊？如果做得很好，就不会这样了吧？"

小伙子哼了一声，不理我。

我拍拍他，他动一下，把头钻到沙发靠背里去了。我拽一把，他竟使劲往沙发上靠。

"吃饭去吧？"

"妈，我真的累了，不想动了！"小伙子有气无力地搪塞我。

还没等我说什么，他紧接着说："我们的班干部竞选完了，还是原来那些。接下来，就是科代表的竞选了。"

"那你如何？"

"他们建议我竞选地理科代表，他们说那样我就可以疯狂地学地理了，然后就可以学好了。"

我被小伙子的心思逗乐了："你呀，当不当科代表，你都得努力去学，是吧？"

"啊……"小伙子长吼一声，接着窝在沙发上。

我再叫他吃饭，他告诉我："不吃了，不吃了，真的不吃了……"

再叫，他不作声了，打起了小呼噜。

嘿，睡着了！但我知道有假寐的嫌疑。

我这个气呀，饭做好了，不吃；作业，一大堆，不做；站了一天，不吸取教训，睡了……

我站起来，看看他，想发火。可是，看他的呼噜怎么好像均匀了呢，竟真的睡着了！

想发火的心，被我按压下去，我拿过被子，给他盖上，看着他还戴着眼镜的脸，心里波涛起伏。

十二年来，小伙子从来没落下一顿饭，始终是一个小吃货，可今天，拒绝吃饭了，虽然是他爱吃的焖米饭，他还是摇摇头，义无反顾地睡了。

我静静地看着他，调整自己的心态，如果他能醒了，最好；醒不了，就睡吧。也让他尝一尝挨罚、拖拉、控制不住自己的后果。

静静地等，等来了小伙子的爸爸，他看到沙发上的小伙子，吃惊了一下。我把情况和他讲了，他也安静地等着。

一个多小时后，小伙子翻过身，起来了！

我大喜，忙问："饿了吗？"

小伙子摇头，进屋写作业去了。

十点四十五，小伙子的作业写完了。

他感慨："啊，睡一觉的感觉真好，写作业效率就是高啊！要是不睡那一个小时多的觉，相当于九点多！"

呵，他感觉还自我良好呢，唉。然后，洗洗澡，忙着钻到被窝里去了。

可是，他忘记了，他的英语听力，没做；命题作文，写得也不够完美。

我 的 心 得

> 孩子累了，要要赖了，那就给他一次机会嘛！其实，这个过程考验的是家长。家长放不下，试着偶尔放下一次，没有大碍的。

7. 和孩子谈心的问题——向右看齐，立正

10 月 18 日　星期四　晴

这么晴朗的天，让人的心情都好好的。

小伙子也是挺高兴地回家吃饭。放下筷子一抹嘴，说："哈哈，昨天饿死了，今天撑死了，真后悔昨天没吃饭啊！"

我笑了，白他一眼。他看都不看，又自顾自地躺到沙发上去了。

我凑过来。他摸着我的头："妈，有什么事情啊？"

我嘻嘻笑了："写作业去吧！"

"哎呀，等分针到五那里就去。"小伙子满脸的不高兴，指着挂钟的分针说。

好吧。我投降。然后我说："那你说说看，今天在学校过得怎么样？"

小伙子一下子来了精神："哈，妈，我给你讲啊，早上，我不是负责摆放自行车吗？我把我的自行车放在最右边，然后我站到它面前，大声喊：'向右看齐，立正。'"

"哈哈……"看着小伙子的表情，我实在忍不住了，大笑起来。小伙子也笑起来。

"是不是你自己还得再去摆整齐啊？"

"是啊，当然我得摆了，不然，我就站在那里喊好了。"

"同学们看你那样不笑啊？"

"笑啊，他们全被我逗笑了，说我搞笑，哈哈……"我们在沙发上笑成一团。

疯狂一阵过后，我说："该写作业去了吧。"

小伙子看看表，伸出五个指头："还差五分钟。"

我无语了。

他接着说："妈，只天天坐在那里学习好，不会动手的人，到了社会上，是社会的负担，知道不？得像我这样才行，学习的矮子，毅力的矮子，行动的矮子，吃饭的巨人，玩儿的巨人，睡觉的巨人……"

我反驳："哪里来的逻辑？学习是根本！"

"哦，哦，我不和你争辩，哦，哦……"

他欢叫着，进屋写作业去了。

我看着他的背影，笑了。孩子，毕竟是孩子，骨子里那种活泼调皮总是不经意间就流露无遗。虽然，他说要会动手，有那么丁点的道理，但是，面对还不能完全明辨是非的他，我只能向一个方向看齐，鼓励他、要求他去做好。

我 的 心 得

和孩子谈心，是拉近家长与孩子的距离的一个途径，也是家长了解孩子的一个途径，找寻一切可以找寻的机会，好好谈心。把亲子时间放在餐桌上，嬉戏中，都是不错的选择！

8. 钱的问题——不要钱

10 月 19 日　星期五　晴

早上有一点淡淡的雾气，看样子，有下雨的迹象。我说："带着钱吧，中午来不及的话，打车回家。"

"不用，没事。"小伙子毫不在乎地推着自行车就走。

我追上去，硬塞给他十元钱。结果，我惹麻烦了。

中午，天晴了。小伙子自己骑自行车回家。

晚上，钱不见了。他却是一脸的不知道。

"钱到哪儿去了？花了没关系，说清楚了就好！"我心平气和地说。

"没有！"小伙子怒了，眼里就要溢出泪水来了。

"我说不要钱，你非要给，怎么着？现在又来问我……"

我看着他，不说话。

小学的时候，他几乎不花钱的，需要什么东西，都是和我们说好了之后，一起去买的。上了初中，离家远了，就给他零花钱。他不喜欢带，可总也得培养他的这种理财意识呀！于是，我们就给。

开始的时候，他很兴奋，总是买笔芯，或者买瓶饮料什么的。我告诉他，笔是可以买的，可这饮料还是不买了，带着水，再买它，花钱不说，对身体也不好啊！

几次三番之后，小伙子认同了我们的观点，但说什么也不愿意带钱了。

其实，之所以问他钱的去向，是怕他养成不好的习惯，意在引导他钱该怎么花，可是，我们的方式也许太直接了，不能让小伙子接受。

干脆，实话实说。我把自己的想法一一告诉了他。

还好，小伙子表示理解。只是强调，他没乱花钱。

我不再追究。慢慢看吧，也许是他真的粗心了。

结果，睡觉的时候，我发现他的裤兜有一个大大的洞，钱会不会是从这里丢的呢？以前，他也有过这样的情况。

但愿如此！

我 的 心 得

关于钱的问题，应该重视，可是做家长的方式不对，会让孩子反感的。这一点，我做错了，很直接地伤了孩子的心，一个教训。

9. 家长发怒的问题——你可以拍《河东狮吼 3》

10 月 21 日　星期日　小雨

周五说完钱的问题，小伙子一头窝在了沙发里，振臂高呼："今晚我要看《一站到底》。"

看来，作业他是一点也不挂心上了。

尽管我试图提醒他还是先写作业吧，他视而不见，而且直接告诉我："放心吧，我自己安排。"

"好吧，看你的。"我忍着不再说什么。

结果，从周五晚上六点直到周六晚上六点，小伙子只字未动。

当然，这期间，小伙子和我骑着自行车去乡下看爷爷奶奶了。这是我们每周的必修课。

一来，可以锻炼一下小伙子的体质；二来，让小伙子感受到，对老人的那份孝心。

周六晚上，小伙子恋恋不舍地离开电视，去写作业了。

我那一直焦急的心，稍安定了一些。

可是，没多长时间，他又出来了，和我探讨电视为什么改版。我耐着性子和他说了一会儿，有意无意把话题转移到学习上了，告诉他，改版就是不断学习的过程。他听出了其中的端倪，扭头走了。

看他写作业，是身在心不在的样子，就提醒了他几句。他不听也就是了，竟然还趴在桌子上，以示抗议。

我怒吼。声音直达六楼。然后，我感到自己的耳朵一阵发懵。

今天早上，他又赖床，我没好气地提醒了几句，不再理他。

他懒洋洋地起床，吃饭，写作业。

恰好，我同学来电话，叫我们一起去植物园。小伙子和我同学孩子相差一岁，小哥俩很是要好。他一听电话，来了精神，顾不上写作业，眨巴着小眼睛，笑眯眯地跃跃欲试。

我一看，就来气，断然谢绝了。

放下电话，我再次"河东狮吼"，心里想控制也控制不住自己了。唉，到底还是自己的心态不好啊！

下午，小伙子竟然还问我："什么时候去呀？"

我再一次"河东狮吼"。

小伙子都已经习以为常了吧，看看我，似笑非笑，没有害怕的样子，等我稍平静了，说："妈妈，如果再拍《河东狮吼3》，你可以去了！"

"我晕！好你个小没良心的，愣是不知道你妈的心思！"

晚上，他回来得晚，对我的行为表示不满，说，不应该怒吼的，不能解决问题。他看看躺在床上的小伙子，嘿嘿笑，我斜视他一眼："你的儿子，怎么那么像你，无赖！"

他还笑，说："你来个冷处理，等下次月考完了再说。"我无语。

看来，小孩大了，吼是不管用了。

他那句"我自己有安排"，也不能随便相信了。他这艘小船的舵，他自己还是控制得不好啊！

当然，我也得控制自己的情绪了。

我 的 心 得

家长的威信，真的不是怒吼出来的，这样的怒吼，直接宣告失败！

10. 还是钱的问题——说出来的感觉真好啊

10 月 22 日　星期一　晴

小伙子高兴不高兴，放学的时候，听他按门铃的声音就知道。

急促，那是高兴着呢；缓慢，那是心情低落呢。今天的门铃，响得那是此起彼伏。

小伙子一进门就哈哈笑着，原来，上英语课的时候，他的一个造句逗乐了老师和同学们，他自己想和我说来着，就自己笑了。

我们在欢笑中晚餐。

"妈妈，今天竞选科代表了。"小伙子神秘地说。

"哦？如何？"

"37票。"

"英语科代表当上了？"

"不错嘛！"

小伙子说："第一名是38票呀。"

"原来如此。"我笑了。小伙子也笑了。

"然后，我接着竞选政治科代表。"

小伙子顿了一下："27票。"

我没作声，看着他。

"并列第一。然后老师说，让那个女生来吧。于是，我就拱手相让了。"小伙子耸耸肩，无奈的样子。

"老师说，让我初二的时候担任物理科代表，给了个安慰奖。"

"哈哈……"我们都笑了。

"这竞选的感觉如何？"

"嗯，还有差距！"看小伙子能坦然面对，我也就安心了。

接下来，小伙子写作业，速度还可以，但质量有点欠佳。

我们开始讨论如何提高质量，在讨论的时候说到了笔，他又买了两支新笔。

在说笔的时候，我们说到了价钱，在说价钱的时候，小伙子出了差错：开始说三元钱一支，无意中说，这笔才两元。于是，我看着他笑，小伙子的脸红了，自己意识到了什么。我们谈到了这些日子花的钱。

"以前有几次钱都对不上，是不是买零食了？我什么都知道，只是我不点破你罢了？"

"嗯，是，我买面包了。怕你们生气，就……"

"你呀，耍那小心眼有什么用？你以为我们什么都不知道啊？就是不说你，但我们提醒过你，你知道吗？"

"妈，其实，我什么都知道，就是不敢说，整天提心吊胆的。"

"我们理解，肚子饿了，适当买点干净卫生的东西吃，没什么，实话实说好了！"

"我就买学校的啊，没买外面的。"小伙子急忙解释。

我点头。

"哎呀，说出来的感觉真好啊，再也不用担心了。"小伙子长舒一口气，眯着眼睛，摇摇头，很惬意的样子。

我心里一酸，是不是我们的方式太独霸了，才让他编排一套文具价格？

但终归是解开了他心中的疙瘩，也解开了我心中的疙瘩，我长长松了一口气。

我 的 心 得 ✐

　　孩子的信心来源于妈妈的信任，孩子的努力，孩子的诚实，很多时候都是和妈妈息息相关的，所以，学着去信任孩子吧，给他一个更大的成长空间。

11. 饮食的问题——胃疼啊

10 月 23 日　星期二　晴

昨天，刚刚告诫小伙子不能随便乱吃，结果今天他就不舒服了。胃疼啊！

晚上作业写到一半的时候，他飞快地跑进卫生间，龇牙咧嘴地蹲下，片刻，哇哇地吐了一大堆。

我跟着进来，拍他的后背。

他摆摆手，不让动。好大一会儿，他才平息下来，长喘一口大气："好受多了！"

原来，从吃过晚饭，他就一直不舒服，坚持着去写作业，接下来，就发生了刚才的事情。

我一边给他漱口，一边现场教育，零食真的不能乱吃。

我一直很注意他的饮食，每天早上都是粥菜主食搭配好，为的是有一个好身体，好精力，以更好地保证学习。

结果，今天还是发生了这样的事情。

我心疼着。

收拾完，小伙子自己去屋里写作业。

我担心，就偷偷咨询了一下他小姨，在医院工作的她不屑一顾："乱吃引起的，没事儿，吃点健胃消食片就好了。"

我无语，想想也是，小伙子吃东西太猛了，是消化不好了吧。

睡前，我好好地给他泡了泡脚。摸他胖胖的脚丫，他直呵呵笑，说痒。

我也笑了，看他开心的样子，应该是没事，那就好好睡吧，我可爱的小伙子。

小伙子，明天，你要精神百倍哦！

10月24日　星期三　晴

早上，小伙子精精神神地起来，我这悬了一夜的心才放下了。

昨晚他爸回来得晚，听说后，站在床前看看他，一声不吭地回到屋里。

今早看到他，脸笑成一朵花似的，我摸着他的头说："小伙子，没事吧? 得加强锻炼了哦。"

小伙子低头抿嘴笑了。

中午放学回家，小伙子带来了他的新校服，穿上很精神！

"从此，别人一眼就能看出我是哪个学校的了。"小伙子若有所思地说，看上去，有一种责任感一个劲地在他心中升腾。

晚上回家，生龙活虎的小伙子又遇到问题了：姑妈家的小表妹要过生日，他要花七十多块钱给她买一个玩具。

我这个纠结呀！不是舍不得买，是该不该让他这样铺张浪费呢?

在和他讨论了又讨论之后，决定明天看看再说。

可是，我该怎么办呢?

他爸的意见是，没必要买，梳理一下小伙子的心态，让他自动放弃。可是，这怎么可能? 他已经是势在必得的样子了。

我想啊想：能不能折中一下呢?

我 的 心 得

注意孩子的饮食吧，关注心理、关注学习的同时，千万不要忘记关注孩子的身体，不要因为自己的匆忙或者工作的借口，忽略了孩子的健康。

12. 习惯养成的问题——啊，怎么会这样

10 月 25 日　星期四　晴

玩具的问题还没解决呢，手机的问题又出现了。

给他一个旧手机，用来和我们联系，同时也给他用来定闹铃。可是，他竟偷偷摸摸上他的QQ了。

本来已经说好，正确合理使用，他也保证了，结果，小伙子还是忍不住。吃饭的时候，我郑重地提了出来，并严厉警告。小伙子脸红了，点头答应，再也不了。

我并不安心，只能耐心观察。

而这几天，让我一直郁闷的是每每下午放学回来，小伙子总是先要躺一会儿，或者看会儿书再写作业，这样一来，往往会睡得很晚。

和风细雨地说过了，却总不见成效。

于是，今晚，我决定强制执行。

我有意无意地问了一下他的作业，他说："不多，一会儿就写完了。"

我说："那这样好了，九点半准时熄灯。"

小伙子惊讶地叫了一声："啊，怎么会这样？"

我装作没看见，扭头刷碗去了。

但惊讶归惊讶，小伙子照旧坐在沙发上看他的书，那书自然是他的那些《我们爱科学》《小屁孩日记》之类。

我看在眼里急在心上。

过了整整五十分钟，他唰地一下子起来，去写作业了。

这时，他爸下班回来，进屋看看他："小伙子，怎么样？还好吧？费劲吗？"

"嗯，还行，跟得上。"小伙子很平静地说，动了一下身子，颇有决心似地继续看着。

他爸拍拍他，悄悄出去了。

我抬头，八点五十了。我估计，今晚写完作业的可能性不大。

结果，九点半，他的数学试卷还没有检查。

我毅然熄了灯，然后要求他洗漱睡觉。

小伙子那个气呀，摔了笔，流泪了。

我心里一软，但咬咬牙，坚持住了。

我在隔壁悄悄听着，被窝里的小伙子折腾了半天，才迷迷糊糊地睡去。

10 月 26 日　星期五　晴

早上，小伙子没有让人叫，自己就起床了。噘着嘴。

洗漱，吃饭，只喝粥，一声不吭。

我像没发生什么似地说："儿子，吃点馅饼吧，别只喝粥了啊。"

他眼皮都没抬，嗯了一声。

然后，他顿了一下，说："妈，我说个事，你别生气啊，也别瞎想。"

"好，你说，我保证不生气。"

"我恨你。"小伙子说完，低下头继续喝粥，眼里流出了眼泪。

"我知道。"我很平静地说，心里却翻江倒海。

孩子啊，终归有一天，你会理解的。看着他满是委屈的小脸，我在心里默默祈祷。

小伙子对我的反应有点奇怪，但什么都没说。

我知道，他以为我会伤心，会落泪，或者，又会大讲一通道理。可是，我什么都没有做。

下午放学，小伙子高高兴兴地回家了。我知道，昨晚他的数学肯定有错题的。

我有意无意地问他今天过得怎么样。

他欢呼，明天周六了，开心。

数学试卷的事情，他愣是没提。不过，再说作业的时候，他偶然流露出一句："幸亏，早上把错题改了，不然又得多做作业了。"

"哈哈，原来，小伙子早上自己改了，看来，还是有潜力的，就得像'特种兵'一样要求啊！"

玩具的问题，终于还是提到日程上来了，而且，小伙子那么期待我答应，我心软了，答应他，买吧！

毕竟，他从不乱花钱的。我这样想，对吗？

不过，我提了要求：在完成作业的基础上，要完成我的一张数学试卷，还得多听两个听力。

小伙子抗议。我毫不动摇。其实，不是我贪婪，是因为他数学总是不仔细，而听力，总是马马虎虎听一点就算了，这不正是我提出要求的好时机吗？当然，也许我有点贪婪了。呵呵。

我 的 心 得

入学不久，孩子很多的不良习惯渐渐凸显出来。此刻，家长千万不能心软，不能迁就，要加紧纠正孩子的不良学习习惯，以免后患。

13. 唠叨的问题——你干吗总是在旁边唠叨

10 月 28 日　星期日　风

周六，小伙子没等我叫，六点多就起床写作业了。

我是又笑又气。笑的是，他能自己起床写作业；气的是，为什么平时不能这样好好起床呢？

小伙子冲我坏坏地笑："这不是有动力吗？要给小表妹过生日去啊！"

昨天下午，小表妹又来我家了。

今天，小伙子就不认真写作业了。我看在眼里，急在心上。

吃完饭，我没说什么，让小表妹写作业，也让他写作业，一人一屋。

我负责"监视"着他们。

下午，小表妹回家了。我看着小伙子把没完成的作业写完。他一磨蹭，我就开始催促，提醒他认真点。

他看看我，悄悄和我说："妈，你干吗总是在旁边唠叨，你唠叨影响我写作业，你是不是有强迫症了呀？小表妹在的时候你监视我们，现在，就我自己了，你还监视啊？"

我真哭笑不得了，这小东西，什么时候知道强迫症了呢？

我的心，可是七上八下的了，想想，也许自己真的是吧。

我妈常说，她看到邻居孩子也这么大，别人总是有时间出去锻炼身体啊，遛弯啊，怎么看你总是在家里忙呀忙的。我说："孩子写作业呢。"我妈说："别人孩子和你孩子一般大，怎么行？"我无语。

现在看来，也许真的是我的问题吧，放不下手吗？

听着小伙子和我说的话，那种神态，那种语气，再想自己的所作所为，唉，我真的是一个放不开手的家长，或者说，一个不知道怎样放手的家长，是不是会影响孩子的成长。

我必须要调整自己了。

我 的 心 得 🖉

> 孩子偶尔一次看似过分的要求，可以答应，但一定要让他感到来之不易，学会珍惜。在他享受这快乐的同时，做妈妈的却开始反思：当妈妈的，一定要克服唠叨，无论用什么方法，一定要克服！

14. 信任的问题——哈哈，爸爸还挺关心我嘛

10月29日　星期一　多云

昨天小伙子说有点鼻子不通气，好像是感冒了。早上起来，给他吃了药，我这心里又比较担心了。

中午放学，小伙子说话的声音很闷，说头有点疼。但紧接着摇摇头说，没事。

我一下子知道了，他的鼻炎犯了！唉，这可恶的鼻炎啊，怎么能根除呢？

晚上，门铃响了。"滴——滴——"，响了几声就停止了。

我答应着，去开门，心里敲了小鼓：听声音感觉他心情不好。

果不其然，小伙子一脸的严肃。我笑嘻嘻地问："怎么了，儿子？"

"没事。"他摇头。

"不像呢？"我疑问。

"是不是做错题了？"他摇头。

"和同桌闹意见了？"他摇头。

"那怎么了啊？"我感觉有点不妙了。

小伙子一进门就把大小两个书包扔到沙发上，人也仰面朝天地躺在上面，大声地说："这次我必须得考好，必须得考好了！"

我哈哈笑，摸着他的头："怎么了啊？"

小伙子的眼泪又来了，说："自习课上我前面的同学说话，开始我没理他。可是，他总是说，我就说你别说了，结果又被班长记了下来。老师知道了，把我调到后排去了……"

"呜呜……"小伙子故意发出这样大大的声音，掩饰他的泪水。

我听了，心里咯噔一下。他一直很注重自己的位置，今天这么一调，对他，会不会是一个打击？

我说："你怎么看？"

"老师说了，只要我考好了，就让我回去。我想，老师是不是看我懈怠了，给我施加压力啊？还有，同学们也劝我，安慰我呢！可是，我怕啊！"小伙子有点委屈。

我慢慢地说："儿子，没事，只要你认真，能考好的。这对你也是一个提醒，想想，为什么记你了呢？其他同学怎么没记呢？你克制好自己了吗？"

"可是，你知道他总是说话，多烦人吗？"

"我知道你感觉不好，可是，为什么弄巧成拙呢？"

"好了，我知道了，我非得考回去！"小伙子抹了一把眼泪。

"好，我们吃饭去，好吗？头还疼吗？"

"嗯，有点。"小伙子本来鼻炎就不舒服，这样一哭，更是难受。

我给他上了药，然后去吃饭。

写完作业，我给他泡脚。泡脚的时候，他让我给他提问题，背书。

快十点了，我说："不背了，睡觉吧。"

小伙子不情愿，说还有好几科没背好呢。我劝他，强制让他睡了。

看来，这件事对小伙子是真的有打击。

儿子，好好的吧，以后还会经历那么多的风雨呢，自己坚强走过，会好的。

10 月 30 日　星期二　晴

早上起来，小伙子说头疼，嗓子干，不舒服。

我说："要不告假休息一天？"

小伙子摇头，坐在床上对我说："妈，我是不是事挺多呀？"

听了，我心里一酸，说："没事，谁都有不舒服的时候。"

小伙子起床，磨磨蹭蹭的，我知道，他担心上学的时候，座位的问题。

坐在饭桌前，小伙子喝了几口粥，第一句话是："妈，我考不好了！"

"你——"我说了一个"你"字，就使劲把手中的筷子扔了出去。

"你说你，昨天好好的，又说这没劲的话。以前总是这么说，我总是告诉你，没关系，你尽力了，就可以了，我们谁也不怪你，你干吗想那么多呢……"

我不知道自己哪里来的那么大的怒火，本来心里是想让自己平静下来，可不知为什么，就是停不下来，我这个恨呀！

小伙子愣愣地看着我，等我喘息的时候，说："妈，好了吗？别生气了。"他的泪又来了。

我质问："知道我为什么生气吗？"

小伙子摇摇头。

我好懊恼："儿子，妈是因为你早上起来磨蹭才生气，你磨蹭是因为身体不舒服，我也可以理解。可是，昨天说得好好的事，怎么今天早上起来就说这么丧气的话呢？要有信心啊！"

"可是，我怎么能有信心呢？"小伙子反问我。

"好好做啊！"

"可是，我做不好啊！"小伙子的泪啊，又来了。

我控制自己，平息。

　　然后，平静地说："儿子，不闹了，好好的，没事，真的不要求你考多么好，只要你和自己比，每次进步一点点就可以了，好吗？"

　　小伙子点点头，准备上学去了。

　　我和小伙子一起下了楼，一起去上学。路上，小伙子看看我，我看看他。我说："儿子，快乐点。"他点点头。

　　看着小伙子背着大书包走进校园，胖乎乎的背影消失在墙角，心里难受。我为什么将这个美丽的早晨打得支离破碎呢？

　　欲哭无泪吗？眼湿了，却不见泪珠掉下来。

　　中午回来，小伙子看上去倒也开心，我玩笑了几句，没再提早上的事情。我的心稍微安定了一点。

　　晚上，正常。小伙子的爸爸回来了，问候了小伙子。小伙子开心了："哈哈，爸爸还挺关心我嘛！"

10 月 31 日　星期三　晴

　　其实，我没有注意到今天是一个特殊的日子。路上，手机来了一个陌生号码的电话，接通，竟然是蛋糕房的快递员，说是我的生日。我一惊，真的呢！怪不得小伙子今天早上对我这么温柔，难不成他知道？不由心里小喜。

　　蛋糕是小伙子的爸爸定制的，这个从来不浪漫的家伙，怎么也开始有点浪漫了呢？偷笑。

　　中午，小伙子对着我高唱："祝你生日快乐！"弄得我那个不好意思啊！

　　他爸出门了，中午回不来，他就给他爸留下半个蛋糕，说是晚上让爸爸尝一尝。

　　欢乐的晚饭进行了约四十分钟，终于在欢乐里小伙子去写作业了。

　　本来作业看上去并不多，可是，直到十点多，他还在奋笔疾书着。

　　小伙子的爸爸站在门口看了看，瞅我一眼，去睡了。我抱着一本书，坐在床上看着，等着他洗漱。

　　"妈，我背课文，给我签字。"

"好。"我痛快地答应着，只希望他快点写完，快点睡觉。

结果，小伙子的状态很不好，总是有出错的地方，三番五次地没有达到全部准确。我的字，当然也没签。

小伙子满脸的郁闷："怎么回事呢？"

小伙子把语文书一放，拿起英语背单词。

我在旁边这个急呀，告诉他多少次了，要讲究方法，他倒好，总是耍小聪明，结果呢？

我趁机现行教育："你得讲究方法，不能死记硬背，那样太累了！"

小伙子噘着嘴，看着我，一言不发。

我不再说话，别惹怒了小伙子啊！

时间一点点地过去，我等着。

"给我提单词默写。"小伙子对我说。

我心里一惊："哎呀，这个还没做呀！"

本不想说什么了，可还是忍不住问："知道今天为什么这么晚吗？在哪儿耽误的时间呀？"

"你还提不提呀？快点好不好？"小伙子不耐烦了。

我使劲忍住，停顿了，没有发火。

单词默写很顺利。接着背语文，还是不过关。已经十一点半了。

小伙子的爸爸说："别熬夜了，早点休息吧，明早再说。"我也劝小伙子休息。小伙子不情愿地去睡了。

钻在被窝里，小伙子又拿过了语文书。其实，他现在的状态很不好了，再看，效果几乎为零。我让小伙子放下，熄灯，睡觉。小伙子哭了。我拍拍他的头，安慰他，他说："你去睡吧。"然后，不理我了。

我回到自己屋里，和小伙子的爸爸相视一下，他也满眼的心疼。

估计小伙子快睡着了，我悄悄过去看他，果然睡了，枕头是湿的。

我 的 心·得

　　还是那句话，妈妈的信任对孩子很重要。即使孩子遇到了对他来说比较"惨烈"的失败（比如小伙子被调桌到后排），也要让孩子看到来自妈妈的信任。再加一句，父母的意见一致，更是给孩子加足马力的途径。

　　我向小伙子发脾气是激将法，当他爸来劝慰的时候，彰显了父母一致信任的威力。

第四章　中学学习习惯的养成

1. 漫画的问题——就让我看吧

11月1日　星期四　晴

早上，小伙子的爸爸申请做饭，说要给儿子做点好吃的。天天我做饭，是不是大家都有点味觉疲劳了呀？

做好饭，他去小伙子的屋里，说："小伙子，昨晚怎么睡那么晚啊？"

"嗯。"小伙子答应一声，没解释。

"以后自己安排好时间啊，别那么晚了，好吗？"

"嗯。"小伙子答应着。

我接着说："你现在再背一下，准没问题了。"其实，我心里也没底。

嘿，结果，小伙子一字不差地背下来了。

"你看，没问题吧？"

小伙子抿嘴笑着去餐厅了。

上学的路上是开心的，小伙子将自行车骑得可好看啦。

晚上，门铃像歌儿一样，看来小伙子心情不错。

我家这门铃啊，简直成了心情预告铃了！

"怎么回来得这么晚啊？"

"唉，这不是一帮一嘛，我帮我们班同学背课文了！"小伙子带着一点点的小自豪。

"哦，这样啊！还行吗？"

"嗯，这是老师信任我啊，可惜，同学还没背下来，老师看天晚了，就先让我回来了。"小伙子说的时候，拿出了一本漫画书。

"啊？怎么又看上了？"我一惊。

"妈——妈——，这是我向同学借的，就让我看吧。再说，明天，我就得还给同学了。"小伙子开始了他软磨硬泡的看家本领。

我瞪着眼看他："那作业又写那么晚怎么办？"

"你别管，好吗？我一定写完！"小伙子很有信心的样子。

"好！我看你怎样！"我赌气地说。

"放心吧，没问题！"小伙子乐不可支。

晚饭刚一吃完，小伙子就跑到自己的屋里去了。

我收拾完了，去看他。呵，小伙子正看得津津有味呢！

我叹一口气，离开了。直到八点，小伙子才恋恋不舍地放下那本漫画书，拿出作业，奋笔疾书起来。

自然，昨夜是到十点多才写完的。我又开始想狂轰滥炸了，可看他还有一点点的自知，便控制自己了。

孩子啊，终究是孩子，还是抵挡不住玩乐的诱惑，我们家长，该怎么办呢？

我 的 心 得

不知道漫画这个家伙在什么时候，充斥了孩子的视野。一些积极上进的还好，但是一些不健康的东西却也题之而来。这时候，毫无疑问，做家长的必须引导孩子正确地对待这些东西，告诉他哪些是好的，哪些是糟糕，初一的孩子，应该有一点鉴别能力了。如果孩子不能控制自己，家长就做一回"恶人"吧——强制执行！杜绝！（后面就有我"咆哮"的实战演习，盖……）

2. 关于课外书——我也可以不买

终于又到周五了!

小伙子的心情是激动的,怎么描述呢?借用他的话:"哈哈,明天可以睡懒觉啰!"

晚上吃饭的时光是散慢的。不用急着去写作业。所以,小伙子慢慢地吃着饭,慢慢地说着那些零零散散的事。

"昨天,我碰到我们小学同学了。我掂了掂他的书包。好轻啊!"小伙子满脸的羡慕。

"为什么啊?"我问。

"他什么课外书也没买。书包里就那几本课本。"小伙子边说边摇头,表示赞叹。

"为什么他不买呢?"

"学得好,用不着!"对我的问话,小伙子表示了强烈的不满,怎么连这个问题也想不明白呢。

我笑:"那你是不是可以不买?"

"嗯,是,我也可以不买的。"小伙子点点头。

"可是,我的方法需要改进呀!"小伙子连忙接着说。

不错,小伙子能意识到自己的学习方法有问题了。

"是呢,磨刀不误砍柴工,和你说过好多次了,学习是讲究方法的,一定要找到适合自己的方法。不然,你花费了好大工夫,却没有你想要的效果,多可惜呀!"

小伙子不说话，吃饭，点头，表示赞同。

他现在似乎适应了中学的快节奏生活，可是，说起众多科目的学习方法，小伙子似乎还有点迷茫。

虽然，我也有意无意地和他说了许多，也引导着让他自己去看别人的学习方法，但终究都是别人的，必须得让他自己找到属于他自己的方法，而这，还得需要和小伙子一起慢慢探讨。真希望，小伙子能快点入门，不要那么累了啊！

小伙子吃着饭，忽然愤慨了起来，说，历史课上，老师让他们集体罚站了，原因是许多同学上课没有好好听讲。而且，还要求他们集体写检查。

小伙子不满，抗议说："我又没犯错误，为什么罚站？为什么让我写检查？"

等他发泄完了，我说："孩子，你是班级中的一份子，老师面对的是你们这个集体，而不是一个人。你们当中的每一个人都是集体的反映，是一荣俱荣，一损俱损啊。无论谁耽误了老师讲课，最终耽误的还是你们每一个人，对不对？所以，你应该理解老师啊！"

"哼。"小伙子撇嘴怒目说："反正你们有理。"不过声音弱了许多，是理解我说话的意思了吧。

"以后，一定要好好遵守纪律，配合老师，那样你们才会越来越好的。"

小伙子闷头闷脑地嗯了一声，饭也吃得差不多了，放下筷子，跑到客厅看漫画书去了。

我 的 心 得

　　课外书这个东西，简直就是一把双刃剑。很多家长都有这种感受，觉得别人买了，自己没买，心里不踏实，觉得孩子做题越多越好，这种想法当然没错，我也有这种小心思！可是，从实际效果来看，还得看看孩子的实际需求，如果孩子吃得消，当然好。但如果孩子吃不消，反而会成为负担，一来孩子还做着学校老师布置的作业，再做这些，难免有应付之嫌；二来孩子如果做不完，搁置时间长了，成了一堆废纸，孩子不再在乎，容易造成孩子对事无所谓的心态。所以，课外书，可买，但看孩子需求。

3. 关于交流——你会因为我的幸福而幸福

11月3日　星期六　雨

这是一个悲哀的周末。我的心和天一样，哗哗地下雨了。

上午，小伙子懒洋洋地起了床，懒洋洋地吃了饭，懒洋洋地写了一点作业。然后，信誓旦旦地让我放心，便放下作业，一起去爷爷奶奶家了。

虽然今天天气多云，小伙子还是建议骑自行车回家。

一路上，我们欢声笑语，小伙子真的长大了，处处关照我，让我一直在他的右边，心里有小小的暖在荡漾，美啊！

看，这当妈妈的多容易满足啊，给点阳光就灿烂！

中午，天忽然黑了起来，奶奶让我们早点回去。我和小伙子匆忙上路了，结果，半路上豆大的雨点，哗哗地掉了下来。

已经十一月了，北方的小城竟然还是绿叶满枝呢。不过，这一点点的冬雨就让树叶哗啦啦地争先恐后地掉了下来。小伙子一个劲招呼着我，怕我淋湿了。其实，他不过是一个十二岁的小毛孩而已。而这小毛孩，却给了我那么多的感动。

我们一路狂奔，终于到家。还好，湿得不算太透。

换了衣服，我俩偎在沙发上。小伙子说："爸爸怎么样了呢？"

最近小伙子的爸爸常常在单位值班，几乎不怎么回家了。此刻，格外凄

冷的雨，让小伙子想起了他的爸爸。我安慰他："没事的。"他不语。

我俩偎了那么长时间，我开始用眼睛不断地看小伙子，心里说：该写作业啦，该写作业啦！

很明显，小伙子发现了我的意图，但却不屑一顾地说："妈妈，放心吧，不用管了哦！"

说完，自顾自地看着他的漫画书。

我忍了忍，不再说话。

下午五点半，窗外的雨，哗啦啦地下着，路灯早早地亮了。我看着灯光里的雨丝闪闪发亮，如断断续续银色的线。我说："儿子，你看，这灯光，这雨，多美。"

我的本意是想说，儿子，太晚了，该写作业去了。

"嗯。"小伙子的头抬也没抬。但幸好，我的意思他懂了，起身去写作业。我也开心地去做饭了。

四十分钟后，我去叫小伙子吃饭。

来到桌前，小伙子摊开的作业本上一字没有，下面是一本漫画书！

我疯了！

吼叫——咆哮——撕扯，真的不想再描述我的状态，自己都被震惊了。

小伙子吓坏了，抱着我哇哇大哭。

我真的没有了力气，倒在床上，泪水掉下来。

"儿子，我真的不想你不开心。每天，我看你那么辛苦地回家，那么辛苦地上学，就想让你开心。早上，我和你一起出门，我感觉那么幸福，和你在一起的每一分每一秒都是幸福。我在上班的路上想你，今天开心吗？哪里需要你做好啊？哪些是你喜欢的啊？中午，我不回家的时候，一定要给你打电话，是想听听你的声音，是想感受一下你开心的心情。你开心的时候，是我最幸福的时候。不是让你非要第一，是想让你做好每一件事情，然后，更开心地去玩。你开心，我就觉得更幸福。你知道吗？你这样，我怎么会开心……"

我断断续续地说着。小伙子听得泪流满面。

"妈，妈，我从来没想过这些，我以为你和我分开，给我打电话，是自然的，从来没想到，你为我想那么多，妈……"

小伙子泣不成声了。我忽然觉得，是不是自己的原因啊，为什么不把自己的心情好好地说给他呢？说给他，也许，就没有今天的"惊天动地"了。

我调整自己的心态，开始试着去安慰受惊的小伙子。我能看出，他心疼的样子。

大约一个小时过去了，我们都平静了下来。

"好啦，我们去吃饭吧。"我说。

小伙子点点头："妈，为了你的幸福，我要好好学习。因为我学好了，我就开心，我就幸福，你就会因为我的幸福而幸福。"

我无话可说，和小伙子约定，谁要是想发脾气，一定要喊"停"。小伙子重重地点点了头。

我 的 心 得

　　这篇日记写了很长时间，写几行，停住，反思，内疚，自责，真是不愿意回忆这一次痛苦的经历。孩子毕竟是孩子，总要给他们一个成长的空间和时间。都说孩子如成长的树，可看看，哪棵树不是在风雨中修又剪枝长大的呢？有多少时候，我们缺少的不是方法，而是和孩子一起成长的智慧。能和孩子掏心掏肺地交流，让自己成为孩子忠实可靠的倾诉对象，那就好了，我们的智慧就有成效了。和孩子好好交流吧，说出你的内心，不掩藏，不要自以为是，坦坦荡荡，都会很好的。

4. 关于学习方法——来，提吧

11月5日 星期一 阴

昨天一天，阴沉沉，雨濛濛。小伙子写作业速度极快，但也是仅有某个时间段。坚持不了多长时间，小伙子又开始磨蹭了。我依然有点小急，小伙子看看我，举起手，大叫："停！"

我张大嘴巴，继而笑了："嗯，不急。"

小伙子也笑了，继续写他的作业。

我多希望，会这样坚持下去。

今天上午，接到校讯通短信，这周要月考兼期中考试了，请家长和孩子安排好复习。

静静想这一个月的学习，感觉小伙子是前紧后松，不知道考试会怎样，心里没多少底。

下午，因为单位有事，我晚回去了一会儿。此时，小伙子已经在姥姥家吃完饭，写作业了。

我回来，叫他一起回家。他却坐在书桌前发愣。

我想提醒他，但放弃了，周日刚说过的，取消提醒，不能现在立马就变吧。

小伙子愣了大约十几分钟后，拿出两张条格纸说："妈妈，看我写的检查行不行？"

我一看，呆了："这是你写的吗？"

"怎么不是？"小伙子轻描淡写地说。

哎呀，那语言之流畅，简直要赛过他的任何一次作文；那字体之整洁，要赛过他的任何一次作业，这怎不叫我惊叹！

"还行吧，态度还算诚恳。"我说。

"那能过关吗？"

"应该能吧。"我说。小伙子长舒一口气，开始准备继续写作业。

这时，我问："知道期中考试吗？"

"知道。老师给你们发短信了吧？"小伙子依旧平静。

"嗯，是，让我们家长提醒你们合理复习。"

"哦。"小伙子不多说一句话。我也起身离开了。

大约五十分钟后，小伙子叫我帮他听写英语，这是他今晚最后一项作业了。我答应着进屋，却见他正在着急，原来，老师印的复习资料，他自己不知道放到哪里了，小伙子那个急呀！

赶紧的，趁热打铁，加深印象，告诉他，有条有理的益处，而学习的方法必须是要合适自己，并且是行之有效的。这下，小伙子不出声了。

哈哈，看来，现行说法是很有效的哦！

但听写总是要进行的。小伙子根据课本，回忆重点，听写了作业。

小伙子嘟囔着，不高兴地收拾了书包，准备睡觉。

这时，小伙子的爸爸回家了，他今天调班，看看小伙子不高兴的样子，摸摸他的头："怎么样，累了？"

"没有。"小伙子不再说话。他爸看看他重重的书包，脸上露出一丝疼惜，拍拍小伙子。

小伙子睡了。我知道，他肯定担心着他的英语复习资料。

11 月 6 日　星期二　晴

今天还好，小伙子也高兴，我也算平静。

可最终，我犯了一个错误，有点小急。

小伙子要期中考试了，很上心，写作业的时候，就和我说："妈，过会儿给我提问一下历史啊，我掌握得不太好！"

"好！"我答应着。

过了没多长时间，小伙子叫我，我走到屋里。他正在写语文作业的抄写词语。

"妈，提吧。"小伙子头也不抬地说。

"那怎么行？写着语文，还背历史，这能行吗？"我反驳。

"行，没问题，你就提吧！"小伙子有点不耐烦了。

我再说，小伙子就瞪我："你提不提？"

我说："不行。"

小伙子转变了态度，哀求我："妈，没事的，你试一下，行就提，不行就算了，好不好？"

看他那样子，我心一横："哼，看你能能耐到哪里去！"

我开始提，他开始答。

开头，还可以，可是后来，明显地感觉到他回答得吃力，词语书写也渐乱。

我停止了提问，开始讲学习要讲究方法，有什么方法可以采用，并且还说什么是一心一意，什么是专心致志，什么是全神贯注……

结果，小伙子堵上了耳朵。

我把书扔在了他的桌上，拒绝再提。

小伙子很不开心。

等他写完作业，他又让我来提了。当然，情绪一直不好，回答问题的效果也不好。

我心想，孩子主动要求检验，是好事啊，怎么无形之中又把它变成坏事了呢？

唉，学习的方法是需要孩子自己慢慢体会的，慢慢总结的，我们只能做参考，其余的还能做什么，适合不适合，只有他自己知道啊！

我 的 心 得 ✐

其实，没有任何争议，最好的学习方法是勤奋。但无原则的勤奋，没有方法的勤奋是没有多少效果的。每个孩子有每个孩子勤奋的节奏，不能照搬任何一个，但却可以参考。每一个觉得好的学习方法，坚持着去做一个月，如果一个月以后没有效果，就果断放弃吧。

5. 试卷风波——反正和我无关

11 月 7 日　星期三　阴

自从周日看漫画书，这两天，小伙子下午放学后吃过晚饭，都要看上一会儿才去写作业。我劝他，讲其中的利害。他笑嘻嘻地说："妈，放心，我不会耽误学习，而且效率会很高哦！"

说过几次，我决定不说了。

下午放学后，小伙子又像前几天一样，放下筷子，就去看漫画书了。

我攒足劲，不说话。在他拿起漫画书的那一刻，我拿起了我新买的书《汪曾祺散文选》。

开始，我还能认真地看，因为我知道，小伙子肯定是不会轻易放下漫画书的。

可是，将近半个小时过去了，小伙子还是一动不动，我快要坚持不住了。书是已经看不下去了，只轻轻地喘大气，直告诉自己："挺住！"

终于啊，终于，小伙子长叹一口气说："该写作业去了。"

我一把抓住他："小伙子，我就说两句话：一、你用四十分钟时间看了两本漫画书，我看了十八页书。你在这样无故玩的时候，我完成了我作业的一半。二、如果我是你的同学，我就比你多学了这么多，每天都比你多学，

你不仅学得吃力，而且会越落越远。"

小伙子"嗯"了一声去写作业了。看着他晃晃悠悠的背影，我希望，他能听进我的话。

他写作业，我收拾桌子。本以为会风平浪静的，可是，当我进屋的时候，发现小伙子有一点点的异样。

我看他。他抬头瞅我："妈，你出去行不行？"

行啊。我一扭头，看到他眼前一张还没做的试卷下还有一张试卷。

我拿出来：两张一模一样，但是已经做完的试卷。

"怎么解释？"我说。

"哎呀，我哪知道是谁的啊？我也不知道怎么回事。"小伙子一脸的无辜。

我要发怒。任何人看到这种情况，只有一个想法——作弊。

那好，我尽量放平语气说出两种选择："要么自己做那张试卷，全部做对；要么明天我拿着试卷去班里问是怎么回事。"

"去吧，反正和我无关。"小伙子态度冷硬，不再理我。

"你看你，同时发的试卷，为什么其他同学做完了，你没有？没做完，也没关系，为什么还要带回一张其他同学的试卷？"

在小伙子不理我的时候，我看了一下那张试卷，是全部正确的。我更加怀疑了。

小伙子态度依然冷硬："不知道就是不知道，你爱怎样就怎样吧。"

我那个气呀，但仍是控制了自己，把试卷放到我的兜里，我要等他说实话。

小伙子写完作业，让我给他提政治，我们的态度都不好。小伙子说："你为什么挂着脸啊？"

我说："那你为什么挂着脸啊？"

"那试卷我不知道，我没抄。"

我没说话，想其中到底有什么事情。这时，小伙子的爸爸回来了，不清楚我们发生了什么，劝我们早点休息。

我和小伙子互相瞪一眼，都不说话了。

后天，小伙子就期中考试了，这样的心情，这样的状态，能行吗？

11月8日　星期四　多云

早上起来，小伙子的爸爸大声地叫着："小伙子，起床啰！"

小伙子"哦"了一声，慢吞吞地起来了。

早餐后，我们一起下楼。我说："过会儿快到你们学校的时候，我告诉你一件事情啊！"

"什么事？试卷的事情？"小伙子单刀直入。我心里一惊，这小伙子，还真行，愣是坚持什么都不说。

"走吧。"我极力地保持着平静。

路上，小伙子说："妈，快说，是不是关于试卷的事情？"

我点点头。

"是不是想让我和你一起去找老师，问清楚试卷的事情？"

我摇头。

"让我把试卷的主人找来，一起来和你说清楚？"

我摇头。

"让我、试卷的主人还有你，一起去找老师。"

我仍摇头。

……

但是，我的内心彻底服了，真的没想到，他的小脑袋瓜里，能排列出这么多的可能。

看来，和孩子一起长大，教育孩子，需要的不仅仅是方法，更多的还是智慧。

等他分析完，我说："我把卷子给你放到书包的侧兜里了，不要因为你

耽误了同学上课，我不追究，我想，你会证明自己是清白的。"

小伙子啊一声，说："你行，你可真行！"那语气里，有无奈，有感慨，但更多的是兴奋。我知道，他也担心。

中午回来，小伙子向我解释说，是班上刘仪伟同学的，他做完试卷，给了小伙子，是想和小伙子核对一下答案。当时，小伙子没有做完，所以就把试卷带了回来，才有了后来的事情。

我说："过去了，就过去了，放心地学习吧。"

晚上小伙子很兴奋，明天就期中考试了，他考试的地点是阶梯教室，他说："我们的考试是按成绩来坐的，有在图书馆考的，有在礼堂考的，有在餐厅考的，有在教室考的。反正，和平时不一样。"小伙子一本正经。

我说："在哪里考不一样啊！"

小伙子使劲睁大他的小眼睛："那可不一样，喇叭不一样多，听力的时候，效果都不一样呢！"

我笑笑，若无其事地说："没事的，一次小小的期中考试怕什么。"我想以我的平静，减轻他的重视。

他长叹一声，说："不行啊！"至于是什么不行，我没问。

晚饭后，小伙子强烈要求，让我给他提问各科习题。其实，我是不愿意的，考试前万一提问效果不好，不就影响了孩子的心情。

可是，小伙子不答应，于是，我就找一些比较容易的提了一些。

小伙子咯咯地笑我："妈，你提的都太简单了！"

我呵呵笑，没说什么。心里想，小伙子，别得意忘形，这些日子那么不踏实，看你明天能怎样。

我 的 心 得

　　小小的一张试卷，让我很庆幸，庆幸的是这样的突发事件没有让我急躁，很後和地处理掉了。本来，作弊是一件让人很头疼的事情，如果猜有不填，冤枉了孩子，反而容易让孩子窜出去。哪怕是他真的抄袭了，真的是让你火冒三丈了，你也要保持冷静，要控制好自己啊！

刚刚升入中学的阶段，家长是可必介入孩子的学习的，开始的介入是好的，是起引导作用的，但是，一定要记住，不要做孩子的陪读哦，不要让孩子产生依赖。当孩子适应了中学的节奏，做家长的就要抽身而退了。

还有，遇到很多的小事，特别容易着急，是每个家长的通病，尤其是妈妈，此外，还要克服唠叨。

6. 期中考试——第十七名啊，怎么定目标

11月10日　星期六　雨

昨天早上，小伙子高高兴兴地去学校了。一路上，自己念叨着，这个学科不行了，那个学科不行啦。看上去，似乎有几分担心。

其实，我也是感觉不妙的。不过倒好，中午回来，小伙子一脸淡定，看来，是在他的预料之中。

晚上，小伙子也不去复习仅剩下的一科英语了，自顾自地看起了课外书。我也不再多说，我想，如果这次考得不好，恰好是一记警钟吧，那样，小伙子也该清醒了。毕竟，这两个多月以来，他是处在不安定之中的。男孩子，总是要更多脚踏实地的。

今天早上，天阴沉沉的，像要下雨的样子。小伙子早早地起床，收拾自己的东西，准备最后一科的考试，同时，开心地告诉我："妈，就剩最后一科啦！我们班同学昨天还生气呢，说怎么还有一科呢？你看，我多乐观，他们以为还有一科，很郁闷，而我觉得已经考完那么多科了，多好！"

我笑了，说："嗯，你这想法不错，但愿你的成绩也不错哦！"

　　小伙子笑笑，不再多说什么。小伙子的乐观是值得让人敬佩的，可是，小伙子偶尔会盲目乐观；以至于有时候有些事就得过且过。这，其实也让人挺焦心的。

　　他考完试，下午放学的时候，小雨淅淅沥沥地下了起来。初冬的雨，格外的冷。冒着小雨回来的小伙子却是开心的。因为考试全部结束了，又因为下雨，出去打球的计划也泡汤了。

　　于是，小伙子不再去看书，一心一意地玩了起来。看电视，玩电脑，看漫画书……

　　小伙子那样轻松，我想说，可是，我怎么说呢？

11 月 12 日　星期一　晴

　　昨天，小伙子整理书包的时候，突然和我说："妈，我要是考不好，你和我爸可千万别生气啊！"

　　我白他一眼："看你那小样，一点儿信心都没有！"怎么每次考完，他都要说这句：我要考不好，你们可千万别生气啊！真是郁闷死了！

　　"不是我没信心，是我怕……"

　　"为什么怕啊？"

　　"没学好。"小伙子低下了头。我知道他难为情了，也不再说什么。

　　他今天早上起来，坐在床上发呆。我和小伙子的爸爸进屋看他，他说："真不想去上学啊！"

　　"怎么了？"

　　"今天就听到分数啦！"小伙子长叹一声。我知道小伙子这次是真的怕了。

　　"那就不去了。"我说。

　　"这哪行啊？"小伙子懊恼地叫一声，赶紧起床，准备吃饭。

　　一路上，小伙子飞奔到学校。

　　中午，小伙子打来电话。不出所料，小伙子的成绩真的不好：第十七名。

小伙子的声音是平静的，语气是低沉的。我说："你自己觉得怎么样？"

"还能怎么样？努力吧。这次是真的不行了，我知道自己最近有点得意忘形，觉得自己上次侥幸考好了，这次准行，其实是自己不行。"小伙子的声音里开始溢出更多的沮丧。

我本想再多说几句的，但不想影响他下午上课，就放弃了。我觉得，是应该给他好好地制定一下计划，而且，必须严格执行了。否则，成绩的问题暂且不说，就是那种自以为是的懒散习惯，也是要不得的！

晚上，小伙子告诉我这周日要开家长会了。我说："我不去了，多不好意思啊，你坐着滑梯就下来了。"

小伙子白我一眼："愿去就去，不去拉倒。"

嘿，他倒不在乎了。我笑笑，尽量让小伙子平静地去分析失利的原因。

饭桌上，小伙子和我说班里的考试情况，尤其提到了上次的第二名，这次考到第一名，他的前任同桌——王雨晴。而且，他和我强调说了她的学习方法。

我能感觉到，小伙子知道哪些是上乘的学习方法。可是，小伙子贪恋的就是一个：懒。

我笑着，听着，偶尔说上几句。

小伙子吃完饭，平静地去写作业了，我觉得，这次小伙子没有流眼泪，应该是进步吧。可是，我这话，还是说早了。

小伙子的爸爸值班回家晚，进家门的时候，他冲我笑，我知道，他收到了校讯通的通知，肯定知道了小伙子的成绩。

他走到小伙子屋里，笑着问："小伙子，怎么样？"

"不怎么样。"小伙子有点蔫。

"哦？怎么说？"

"第十七名。"

"哦？怎么到第十七名了呢？"小伙子的爸爸笑着。

小伙子不作声，趴在了桌子上。

"没事，找找原因。分析一下，看看在哪里失败的。"小伙子的爸爸还没有吃饭，拍拍小伙子安慰一下，就去吃饭了。

小伙子的泪最终还是下来了。

"你这是怎么了？没人批评你的呀。"看着无心写作业的小伙子，我这又不知如何是好了。

"我自己难受，考得那么烂。看我爸，那么辛苦，我……"小伙子泣不成声了。

"还是那句话，磨刀不误砍柴工，想想自己的学习方法吧，不能耍小聪明的。"

小伙子点点头，承认自己想投机取巧的小心眼了。

我欣慰，但愿这能让他认识到自己的不足，而后前进。

不过今天小伙子的眼泪却从另一个方面感触了我：我说半天，他倒没怎么在乎；他爸说了两句就泪流满面。看来，唠叨真是没有什么力量可言的。

最后，我们一起商讨了一下，到底要采取什么样的学习方法才好。最后决定，以周目标的方法试一下。把一周要做的事情，要达到的目标写下来，然后利用周日进行总结，补充。

我 的 心 得

　　期中考试考砸了，孩子心情不好，家长不要急躁，正确对待孩子的成绩，对一时成绩的波动，不要太苛刻，一起分析原因，做孩子进步的得力助手。这个过程中，可以和孩子一起制定一个目标，目标不要太大，估计孩子能实现，这样，更容易产生学习动力。同时，提前订好学习计划，以利于提高学习效率。后面的日子，我们就按部就班地招待开始这样一段生活。

7. 坚持的问题——脚踏实地

11 月 13 日　星期二　晴

早上小伙子起得那么早，他要写试卷分析。这能不能算一个好兆头呢？我不敢说了，小伙子容易三分钟热度啊。

还有，他的英语练习册还有一部分没有做，小伙子自己也有点着急了。只愿他的这种着急，能向着正确的方向航行。

一路上，小伙子飞奔着，急着去学校写作业。可是，这种急急忙忙会有什么效果呢？

下午放学回来，小伙子如释重负地笑着，终于把英语写完了！

"感觉如何？"

"累啊！"

"所以说嘛，要有平时的点滴积累，那样，你才会更轻松，而且还能收到更好的效果。"

小伙子不作声了。

吃完晚饭，小伙子对自己的每个学科开始进行了分析。我静静听着，偶尔提一下建议。

我多希望，他说到的都能做到。可是，小伙子不能严格要求自己。

不知不觉，四十多分钟过去了，小伙子起身去写作业了。坐在桌前，小伙子拿出自己的那张成绩曲线图（为了对比成绩，我们制作了一张月考成绩曲线图），看了许久。

"是不是应该写下一次的目标了？"我问。

小伙子仰起脸，问我："我能不能自己写出要达到的分数段啊？"

"好啊！"

小伙子拿着笔，看着自己向下的曲线，很慎重地写上自己的奋斗目标，我看得出，他写得很慢，很犹豫，而且，对自己的要求并不是很高，有的科目，他给自己设定的目标还未达到第一次月考成绩。

我没有多说，我想，如果他能达到，那么，他会一点点前进的。慢慢来的效果也许更好一些。

小伙子开始写作业了，我偷眼看，似乎认真了许多。

临睡前，小伙子让我给他的摘抄签字，我没有签。我告诉小伙子原因："一是字乱；二是背诵的时候错误太多。"

小伙子狡辩，差不多就行了啊！

我说："不，严格要求，说到做到，这是我们刚刚说过的。"

"好吧。"小伙子无奈了。

我告诉自己，必须坚持。有很多时候，往往我们的心一软，孩子就差之千里了。

11 月 14 日　星期三　晴

虽然我的厨艺不好，但每天早上，我都尽量做一些可口的饭菜给小伙子。幸好，小伙子也不挑食，吃什么都是津津有味。

可今天早上，小伙子起来，不去餐厅了。为什么呢？

原来小伙子在重写摘抄。虽然带着很大的不情愿，但毕竟算是闯过了第一关吧。结果，小伙子的饭也吃得不开心，匆匆忙忙吃了一点，就去上学了。

看着他，虽然有点心疼，但觉得还是正确的。总是要吃点苦头的，不过是，这两天的苦头连着吃了。

下午放学，小伙子依旧先是看书，然后写作业。我告诉他，我不提醒，自己安排时间，到点准时熄灯。

小伙子不在乎地嗯了一声。

我想，坚持三天，看他自己的所作所为。但是每天写作业之前，我都要让他写好自己要干的事情，顺便记下所用的时间，以便看一下效率如何。

七点四十五。

在我的焦急等待里，小伙子看了四十分钟的书之后，终于去写作业了！

我说："小伙子，终于动了！"

小伙子嘿嘿一笑，进屋了。我随后说："把自己该干的事写下来哦！"

小伙子答应着，在一张纸上认真地写着：

数学卷子一张：四十分钟；语文练习册：三十分钟；英语听力练习：十五分钟；历史背诵：二十分钟。

小伙子信心满满。

趁着他写作业的空当，我去超市买了一点肉馅，准备明天早上包馄饨吃。既快捷，又暖和，当然，小伙子也爱吃。

买回肉馅，小伙子还在奋笔疾书着。我悄悄地和好了面，准备好了一切。然后，悄悄地去看书了。

按他的计算，九点二十就应该写完作业了。可是，九点五十了，小伙子还在写着。

我进屋，告诉他："不写了，关灯。因为是说好了，十点准时熄灯。"

小伙子不情愿，但答应得也没有办法，他嘟囔着："唉，效率太低了！"

11月15日　星期四　多云

下午放学后，小伙子依旧是先看书，写目标计划，然后施行。

不过，在写作业之前，小伙子从书包里拿过一个红红的聘书。

接过来一看，是家长委员会的聘书。小伙子看着我笑，我也笑："好啊，儿子，是你给我争取的吧？没有好儿子，哪有好妈妈啊！"

我将他一军，看他如何。他白我一眼说："跟我没关系。"

呵，他撇得倒是清楚啊！

接着，他又拿出一张心形的美术纸说："妈，根据我的情况，给我想一个座右铭吧。"

小伙子的老师要他们写出自己的座右铭，并要写出自己追赶的目标。

"你呀，不踏实，懒，做事的时候啊，缺少认真仔细的劲头，克服这个，我觉得你应该行。"

小伙子听得很认真，没有反驳。想了好大一会儿，他给自己的目标是班级第六名，座右铭是脚踏实地。

座右铭写得倒是挺好，可今天的结果依旧是没有按时完成。

我看着他磨蹭，看着他乱糟糟的作业，到底忍不住，小宇宙又爆发了。

小伙子瞪着我，一言不发，委屈的样子。

我问他："委屈了？"结果，小伙子认真地点头："是，就委屈，我觉得今天效率挺高的，你却说我骗人。"

是的，我是说他骗人了，因为他说他没有玩，可在客厅里的手机却在他眼前了，作业也涂得乱七八糟，草稿纸上多了一幅新画的卡通老头的画，能说他没在玩吗？

争论的时候，小伙子的爸爸制止了我们。我们不说话，洗漱睡觉。

洗完脚，小伙子对着我忽然鞠了一躬，说了声："对不起。"

我一怔，小伙子怎么了？心里潮乎乎地一震。

我 的 心 得 ✎

　　对孩子来说，坚持是很苦的，其中的小插曲异常的很辛。一般说来，第一个二十一天，是必须提醒强制的，第二个二十一天，孩子有了控制的意识，第三个二十一天，孩子基本上就可以自觉了。这个阶段考验的往往不是孩子，而是家长，面对孩子的那种煎熬，家长必须有信心走下去。

11 月 16 日　星期五　多云

今天早上，小伙子早早地起来，写摘抄，背摘抄，把昨天没有完成的东西整理好。

我暗想：小伙子，你行啊，为什么就不坚持呢？

转念一想，我那小心眼又来了：还是个孩子呢，要是凡事都那么坚持，一本正经，是不是少了孩子本应有的天性呢？

看，这当妈的，就是这么个矛盾体。

下午放学回家，小伙子把书包往沙发上一丢，人也整个"丢"到沙发上，那个轻松惬意啊！

我看着他，瞪眼，他笑："妈，瞪啥眼啊？周五了！"

我不说话，转身去收拾东西。

这时候，他爸回来了，冲着沙发上的小伙子招手："嗨！"

小伙子呵呵笑着，伸出他的小胖手，依旧看着他的电视。

他爸坐在他旁边，散漫的东说一句，西聊一句。他们斜靠在沙发上，谁也没有注意到我的存在。

我想，小伙子，看来这三天的目标，你真的是坚持不下来啊！

周三周四两天的目标都没有完成。今天，恰巧是周五，应该自己规划出这两天的学习安排啊，他倒好，什么事也没有了！

我耐心地等待着……

还好，足够给面子。快八点的时候，小伙子突然一跃而起，我得写目标计划了。

我偷偷地笑了一下。他爸看看我，不屑的样子。唉，谁让我有点小变化就激动呢！

我看一眼小伙子的安排，很紧凑，完成的可能性不大。我适当地给他提了一下建议，他说没关系。那好，就看他的效果吧。

11 月 18 日　星期日　多云

雾蒙蒙的天啊！这两天，天气一直不太明朗，用小伙子的话说，正好周末，该睡个懒觉了。

可是，这两天，却忙得不行！

周六，年近八十高龄的姨父去世，我们匆忙去奔丧，小伙子自己在家里安排一切。等晚上回来的时候，我们几乎累散了架。

小伙子开门迎接我们，第一句话是："你不在家的感觉真好啊！比你在家的效率还高呢！"

听得我心惊啊，虽然我还不知道，他的效率是否真的高，但能直抒胸臆，告诉我这样的感受，说明我这妈妈够失败的了！汗颜啊！

今天要去参加家长会。早上，我说："小伙子，今天你是家长，我等你起床做饭哦，要是迟到了，我就告诉老师是你的原因！"

之所以这样做，是让他体会一下，我们天天做饭等着他吃饭的心情如何。

果然，小伙子从床上起来，做好饭后催促着我吃饭，穿外套，快点去学校。

我磨磨蹭蹭的，不着急。当然，心里有底，是故意给他看的。

小伙子着急了，拼命地催促我。

我偷偷笑着下楼了，迟到自然是不会的，小伙子的体会应该是有的吧。

家长会上，老师很负责，介绍了所有家长们关心的问题，听得我们心里热乎乎的。散会的时候，很多的家长排着长长的队伍和老师交流着。

我远远地站着，也想说的，可人太多，而我又要去另一个会议室参加家长委员会的会议，就离开了。

学校的谦和、亲近，依然让我们感动。学校敞开了心扉，倾听着家长们各种各样的意见和建议，有学校的，有老师的，有社会的，有学生的，方方面面，他们都认真地记着。能当时回复的，立即就回复了；不能当时回复的，也明确表示会积极协调，给予回复。

会议持续了近三个小时，结束的时候，已经中午十二点多了。但没有一个人有怨言，也没有一个人不认真听会。我感动着，这一切，不都是源于对孩子的爱吗！

回家后，小伙子对我的家长会只字不问。我笑，他也笑。我想说，他立即制止我："妈，别说，我知道你要说什么。"

我示意他说说看。果然，关于他个人成长的问题，他说得一清二楚：自己学习犯懒，应该勤快；自己是一支潜力股，要努力；太胖了，要锻炼身体；做题爱耍小聪明，写得太简单，要仔细……

好啦，既然他都说到这份上了，我就不啰唆了。

下午，小伙子去一位语文老师那里听课了，因为他的语文这次考得实在糟糕，他也有点怕了。回来后，感觉还好。

家长会上，老师嘱咐家长，监督一下孩子的学习过程，帮孩子养成良好的学习习惯。结果，对着他周五写的目标一看，又没如期完成，小伙子沉默不语。接着，在和小伙子整理复习资料的时候，我有一点小着急，太乱了！

我的急，让他爸不乐意了，说："孩子的事情，让他自己做。"

我不再多说，小伙子整理了将近一个小时，终于有了顺序。

此刻，已经是晚上十点二十二分了。

我 的 心 得

　　　制定好了目标之后，关键在坚持，家长也要不断地坚持学习，给孩子树立好榜样，加紧纠正孩子不良的学习习惯，其中肯定是有坎坷的，但无论如何一定要坚持。同时，要有规律地生活，保证孩子的睡眠。

8. 面对即将到来的青春期——我就是想哭

11 月 19 日　星期一　晴

我整理着我的包，昨天家长会上，我的包里竟然有了厚厚一沓广告单，全部是学习辅导班的。

我不禁汗颜啊，多可怕，又多真实！为了成绩，哪一个家长不是竭尽全力？

小伙子在写作业，说："今天得用三个小时呢！"

我惊呼："真的吗？"

"嗯，也许能提前吧。"

将近十一点，小伙子还没写完。

我进屋说："不写了，睡觉吧。想一下为什么效率这么低呢？"

小伙子不高兴了，看我一眼，坚持要写。

"还是不写了吧，剩下的不多了，明早写，分析出原因比写完作业更重要。"

"我不知道。"小伙子不高兴了。

"那我帮你分析，好吗？一是你知识掌握不好，致使做题速度慢了；二是你在写作业的时候，有好几次都愣神，而且愣神的时间有点长，所以，你的效率就低了。"

"哦，你说完了没有？"小伙子眼皮都不抬一下地反问我。

我被小伙子这一句话噎住了："说完了啊，你睡觉去吧。"

好吧。小伙子赌气似地放下笔，去洗漱睡觉了。

我看着小伙子上床，关灯。我自责：为什么非要弄得不开心呢？为什么不坚持一下，等他自己主动休息了，之后，再找时间和他一起分析原因呢？

躺在床上，想着小伙子的不开心，我久久不能入睡。

自然，小伙子自己设定的当天作业完成目标，依旧没有完成。

11 月 20 日　星期二　晴

今天小伙子让我刮目相看了！

中午放学已经将近四十分钟了，小伙子还没有回家，我纳闷，会有什么事呢？

就在我准备去找的时候，小伙子气喘吁吁地上楼了。等他喘息片刻，我知道了事情的来龙去脉。

中午放学后，小伙子骑着自行车回家，路上人多车也多，这时，一辆汽车缓慢地停了下来。小伙子以为车不动了，就从车的侧面骑了过去，一刹那，车门开了，撞到了小伙子。小伙子反应还算好，人没摔倒，自行车车闸却烂掉了。

车主是一个和气的叔叔，对小伙子说对不起。小伙子说着没事，就扶起了自行车。车主转身要走，小伙子忙说："叔叔，您别走，我这自行车坏了呀！"

车主告诉小伙子说，问题不大，回家修一下，花不了多少钱。

"可是，我怎么走啊？"小伙子为难地说。

"那……"车主犹豫着。小伙子说："那叔叔看来是有急事，可是，我的自行车也真的不敢再骑了呀！那叔叔看看四周，领着我去不远的一个修车摊修好了自行车，所以回家晚了。"

哦，我松了一口气，对小伙子的有理有节表示赞赏。小伙子有了一点小小的得意。但是，我也提醒他，路上一定要注意安全，无论是谁的原因，出了事故，都不好。

小伙子连连点头。

我心里好庆幸啊，庆幸儿子没摔坏，庆幸儿子遇到了一个好司机叔叔，庆幸儿子感受到了人间依旧美好在，庆幸儿子遇到突发事件能合理解决。

也许是中午得到了表扬，晚饭的时候，小伙子的话格外多，给我讲了一

个他看到的餐桌上分水岭的故事。餐桌上祖孙三代吃饭，小孙子这边是新炒的菜，奶奶那边是剩下的菜，爸爸妈妈在中间，新菜、剩菜都吃。这时候，小孙子给奶奶夹了一块肉，妈妈说："你奶奶吃不动。"奶奶面露难色地说："是啊，是啊！"小孙子不听，执意让奶奶吃，然后，奶奶吃了。小孙子看到，奶奶的眼睛湿了……

我问他怎么看，他竟然没有批评故事中家长的做法，反而对小孙子的做法赞扬了许久，然后说，家长也许有原因吧，但他们都是疼孩子啊！

呀，小伙子有自己的思想了，什么事情想得都不是那么片面了，他长大了！可是，我还不知道呢！

小伙子晚上的目标定得也比较合理，虽然还是十点多才上床睡觉，但完成的效果也比前几天好了许多。看来，心的力量，真的很强大。

11 月 21 日　星期三　多云

早上，小伙子没有穿棉坎肩就出门了。他说不冷。

下午放学回来，我看到他惨淡的脸色。

"冷吗？"他摇头。

"不舒服？"他摇头。

"和同学有意见了？"他摇头。

"被老师批评了？"他摇头。

"那怎么了？"我纳闷。

小伙子把书包丢在沙发上，说："妈，我不吃饭了！"

我心里一惊，看来，真的不舒服了！

我摸摸他的头，他说没事，然后倒在了床上。

我看应该没什么问题，就说："吃饭去吧，我炒了青椒呢！"

他想了想："嗯，吃饭去。"

吃完饭，小伙子又倒在了床上。我过来看他，搂着他，他一翻身，钻到我的怀里，抱着我，叫了一声："妈……"

我摸着他的头，轻声问："怎么了，小伙子？"

"妈，其实，我没事，就是想哭，心里难受，也不知道为什么。"

"哦，那就哭吧，没关系，谁都有不开心的时候。"

"妈，我是不是特没出息呀？"小伙子说着，眼里有点点的泪花。

"没有啊，心情不好是正常的，只要慢慢调节好就好了。"我抚摸着小伙子的头，小伙子的头整个扎在我的怀里，那么温暖，那么美好，似乎回到了他的婴儿时代。

"可是，我哭不出来啊！小时候那么爱哭，现在想哭，却哭不出来了。"小伙子挤挤眼睛，有点点的泪珠。

"嗯，说明你长大了呀！说明你的内心还是坚强的呢！"

"可是，我还是哭了。"

"没关系呢，你要是不高兴了，就和妈妈说，好吗？妈妈永远支持你。"

"那要是你老了怎么办？"

"那时候，你就强大了呀，你就可以来抱妈妈了！"

小伙子听着，很开心的样子，抱着我，一动不动，一言不发。

我们俩这就这么相依相偎着，感受着彼此的温暖，幸福着。

忽然，小伙子坐起来：我得去厕所了，要不待会儿写作业就晚了！

看着突然跑开的小伙子，心一阵疼，小小的小伙子呀，有了心事呢！也许真的根本没什么事情，可心，却开始波澜起伏了呢。这是不是青春期的波动呢？

我 的 心 得

接触很多的家长，都很担心孩子的青春期。其实，事实也是如此，很多的孩子表现各异：顶嘴、多悲、冷漠，等等。这时候，做家长的一定要控制自己的情绪，对爱和家长对着干的孩子，要掌握一个法宝，就是：不

说，多观察；对多愁善感的孩子，多给予关心和呵护，爸妈的拥抱很受用，但也不要忘记让他汲取勇敢坚强的内在。

9. 生病的问题——不行，我得去

11 月 22 日　星期四　阴

早上起来，小伙子哇地吐了。

痛苦的小伙子皱着眉头，直打嗝。我想，肯定是昨天没穿棉坎肩，着凉了。可是，昨晚睡觉前，我给他烫了脚，捂了肚子，当时挺好的啊！

唉，真不知道，这一宿，小伙子是怎么熬过来的。

"不去上学了吧？"我问。

"不，去，没事。"小伙子皱着眉头准备上学的东西。

饭，不吃了，小伙子喝了口水，皱着眉头上学去了。

昨天的不开心，也许还可能和身体不舒服有关吧，我猜测着。这一上午，我提心吊胆着。

中午，小伙子回来的时候，整个人都是蔫的。一量体温：三十七点四摄氏度。再一问，小伙子上午跑了四五次厕所。

赶紧去医院吧。小伙子的姥爷也急了，带着他就去了医院。

到医院，医生检查之后，打了针，拿了药。

我说："下午休息吧。"小伙子摇头："没事，下午考试，剩下的就是自习课了，去吧。"

小伙子回家后，吃了药，休息片刻，准备上学去了。没有再让他骑自行车，打车去的，小伙子那个不好意思啊！

晚上，小伙子还是没精神，勉强喝了一点粥，坚持着写作业。看他难受的样子，我说："要不，不写了吧？"小伙子摇摇头，趴在桌上，坚持着写完了。

我忙着给他泡脚，他不让，说他能行。可是，我就是想给他按摩一下，让他快点好啊！

小伙子躺在被窝里，发呆。我给他按摩着胖乎乎的小脚丫，问："怎么了？"

"没事儿，今天没整理书包。"

"嗯，明早再说吧。我妥协了。"小伙子听了，看看我，一歪头，睡了。

11月23日　星期五　晴

早上，小伙子一睁眼，看我："妈，我头不疼了，可能好了！"

"哦，是吗？那好啊！起床吗？"

"嗯，起。"说完，小伙子伸了一个懒腰。

"妈，还有三周就第三次月考了。"

"是吗？这么快！"

"是呢，我也感觉这么快，再不学，来不及了。"小伙子有这样一种意识，让人挺欣慰的，可是，就是行动缓慢了。小伙子边说边穿衣，下床直奔卫生间。稀里哗啦一通，小伙子皱着眉出来了。

"还能去上学吗？"我本意想让他休息半天。

"能，没事。"小伙子摆摆手，坐在床上静了片刻，去吃饭。他爸早起煮的面汤，他看着，挑着里面的面条。看着他爸，和他爸背起了《陋室铭》。这是昨晚，他摘抄的时候背诵的，当时他爸听见了，和他一起背。这不，早上爷俩又复习了呢。

我看着他们笑，他们也笑。我希望，能缓和一下小伙子的心情。

小伙子只喝了一点点，就不吃了。然后，吃药，上学。

我没让他再骑自行车，他爸开车送他，他依旧很不好意思的样子。

上午，我担心着，几乎两天没吃东西的小伙子，能行吗？

中午放学，小伙子烧了起来，胖胖的两个小脸蛋红彤彤的，烫烫的，赶

紧带去社区门诊打了针。

我说："下午不去了。"

"那不行，下午前两节可要讲课的，后两节可以不去了，会操和自习。"小伙子的嗓门高高的，清脆洪亮，好像在向我证明，他没事的。

我劝了几次，没用，小伙子依然坚持上学去。

我心里疼疼的。

11 月 25 日　星期日　阴

周五放学回来，小伙子还在烧，更为严重的是，腹泻一直没有停止。

于是，我带他去医院做系统的检查。

小伙子不说话，配合着。

医院里，护士给小伙子抽血化验。小伙子那个紧张呀，咬着嘴唇，一动不动。也是难为了护士阿姨，他的胳膊太粗了，很难找到他的血管。护士阿姨一边给他找着，一边说："小伙子，得减肥了哦！"小伙子不好意思地笑了。

我说："小伙子，得加强锻炼了，只有锻炼好了，你的血管就好找了。当然，身体锻炼好了，就不用来医院了。"

小伙子冲着我做了鬼脸。这时候，小伙子已经被扎了两针，才终于抽出了两管血。

小伙子眨巴眨巴小眼睛，松口气，咧嘴笑了。

哦，我坚强的小伙子，你感动了我。

小伙子的爸爸急匆匆地把血送到化验室，时间不长，检查结果出来了，还好，是细菌感染。然后，小伙子开始输液了。

胖胖的小手，依旧是扎针的难点。但小伙子依然笑着过来了。

回家吃饭的时候，小伙子只喝了一点粥。三天了，小伙子一共也没有喝一碗粥。他吃不下。此刻，他放下筷子，张开自己的嘴唇，让我看。我问："怎么了？"

"你看我嘴唇，咬的呀！"

哦，原来是在扎针的时候，小伙子紧张呢，就自己咬嘴唇了。

可爱的孩子。我抱一下他，他嘿嘿一笑，回屋了。

周六，输液。小伙子坚持一手输液，一手写字，我说："精神可嘉，做法不好。该休息的时候，就休息吧，等好了再写。"

小伙子感叹："唉，看来，身体不好，不光难受，连写作业都写不好啊！"

今天，输液的时候，我给小伙子读书，是汪曾祺的散文。小伙子让我读写食物的那几篇，听得他哈哈笑，看来，小伙子的身体渐渐复原了，精神好了许多。然后，我们决定，以后一定要找出时间来锻炼身体，不然，会遭罪的。

输液回来已经是晚上七点多了，吃饭的时候，小伙子终于吃了一点馒头，喝了一碗粥，精神好了许多。他又去写作业，直到十点多，完成作业，才洗漱上床休息。

其实，真的是家长的贪心，这几天，我就没能大方地说上一句：好好休息吧，作业回头补上。

我怎么那么狠呢！

我 的 心 得

孩子的坚持和坚强，其实是不需要多大的动静的，一点一滴中就足矣。孩子生病或者家里有什么突发的情况，可能都会让孩子面临着选择——去上学还是去请假？在孩子安全的前提下，让孩子自己选择。在这样的点滴中，孩子自然会形成那种坚韧的性格。万万不可迁就孩子，给孩子造成妥协的印象。

10. 信心的问题——我做出来了

11 月 26 日　星期一　晴

也许是昨天睡晚了，也许是看到小伙子好了，放松了，早上醒来的时候，已经六点十五！

我忽的一下子起来，跑到小伙子的屋里叫他，然后，直奔厨房。

小伙子一惊："妈，我的闹钟铃声怎么没响啊？"

我笑他："是你没听见，早响了！"

我和小伙子的爸爸做饭的时候，小伙子穿衣，听了几分钟的英语。然后，让我签字，我说："不行，你这不是应付吗？"

小伙子看看我，无可奈何。

匆忙吃了饭，我心里斗争：给小伙子签了吧，别再挨罚了。病刚好了，周一一到校，就挨罚，不好吧。

于是，我狠狠心，给小伙子签了字：听力已听。

本来，是应该签上听了多长时间的，但我没法写啊，就耍了一个小滑头，没写时间。

小伙子看了纸条，吃惊："呀，妈，你怎么给我签了呀？"

我无所谓的样子："怕你挨罚！"

小伙子叹一声，反倒无所谓的样子，不过，却是小心翼翼地收起了纸条。

然后，我们一家收拾一下，慌慌张张地下楼了。

晚上，小伙子还好，自己订好了写作业的计划，开始认真地写作业了。可是，却出现了一个状况：一道应用题，小伙子竟然用了三十八分钟。期间，小伙子发怒，用手捶头，低声吼着："怎么就不对呢？"

我看在眼里，急在心上，几次想进屋帮他，但他没有叫我。我坚持着。小伙子的爸爸冲我竖起大拇指："表扬啊，今天没去磨儿子。"

我瞥他一眼，冲他哼一声，他嘿嘿笑了。

终于听到儿子大叫一声："妈，我做出来了！"

我这才进屋，说："小伙子祝贺你攻克难题了，但我说两句话行吗？"

"嗯，说吧。"小伙子很开心。

"第一，你用的时间太长了，要合理安排时间，如果是考试怎么办？第二，你的试卷都擦破了，以后最好在草稿纸上算好了再写，好不好？"

"嗯，妈妈，第二条接受。这第一条嘛，我告诉你，这道题做出来，后面这一张试卷就很快了，都是一个题型呢！"

"哦，这样也好，但要注意时间、效率好吗？"

小伙子点点头，我不再说什么。小伙子继续做题，后面的题目几乎是两三分钟一道，果然很快。

泡脚的时候，小伙子嘻嘻哈哈的，我说："给我读篇文章吧。"

小伙子说："好。"泡着脚的他，给我读了《种下一片太阳花》。读完，小伙子看看我，说："这个我可以借鉴啊！"

"行啊，怎么不行呢？"我轻描淡写地说。

"妈，你不是为了让我写作文吧？"

我呵呵笑着，不说话。

小伙子却哈哈笑了："阴险的妈妈。"

11 月 27 日　星期二　晴

早上，我们一起出门。我看他慢悠悠地骑着自行车，就说："你看，你同学多快啊！当然，是在安全的前提下。"

"别人那是变速自行车，好不好？"小伙子不平地对我说。

"那怎么了？只要努力，没啥不可能。"

"你行吗？我看看。"小伙子挑衅我。

"好！看着！"说着，我就使劲地蹬起了自行车。

其实，我是没有信心追上那个骑变速自行车的小伙子的，但是，我就要让儿子看到，什么是拼搏精神，拼搏精神是很重要的。当然，我选择的方式有点不恰当。

真是幸运，红灯，那小伙子停下了，我使劲，追上了。

我听到身后，有小伙子们哈哈笑的声音。我喘着大气，回头，看到我家小伙子和几个同学指点着我，笑着。

小伙子追上我，说："妈，你还真行！我们几个都笑你呢。"

"笑我啥？"

"说你真好玩。"

我的脸腾地红了，孩子们见笑，但要提醒安全啊。我赶紧说："孩子们，别学我啊，今天这是特例，一定要注意安全，我这样做是不对的。"

知道了，阿姨。孩子们笑着对我说。

我冲他们笑。小伙子看看我，赞许的样子。绿灯亮了，我们快乐地前行。

下午放学，小伙子乐呵呵地回来，晚饭后，他读汪曾祺的散文《口味》，用着蹩脚的，不知道是哪里的方言，逗得我哈哈笑。

结果，到写作业的时候，我们又闹翻了。原因很简单，因为他写的字乱极了！

我的怒火没有控制住，"责令"他重新。

他求我放过他，我坚决不放。

在好一番唇枪舌战后，在我几乎咆哮着的怒吼中，小伙子消极怠工地重写。

写着，写着，有的字他自己都看不清楚了，他笑了，很不好意思地笑了。

我窃喜，我胜利了。当然，写作业前他自己计划的时间又没能做到，拖延了。

小伙子睡得晚。我说："明天早上，不叫，不喊，不出声，啥时候起床自便。"

11月28日 星期三 晴

本来，是想好好治一下他早上赖床的。结果，小伙子竟然在没有任何提醒、安静的前提下，悄悄地起床了。让我大跌眼镜。

我不动声色，小伙子不紧不慢。

终于，六点五十了。我大叫："哈哈，你迟到了，不用上学去了！（因为曾和小伙子约定过：六点五十不下楼的话，就不用去上学了。）"

小伙子嗖地跑出门，大叫："我出去了，出去了，可以上学去了！"

小伙子叫着，提着书包就跑到楼下了。我笑了，唉，孩子啊，终究是孩子，心里还是有责任的嘛!

下午放学，已经过了正常时间二十多分钟了，小伙子还没回来。我站在窗前，看马路上人来人往。

我忍不住了，穿外罩，拿钥匙，下楼，推车，去找儿子。

一路上，我的双眼不够用，死死盯住每一个过往的人，每一个骑自行车的小伙子都会成为我盯住的对象。

我每向前走一点，心，就收紧一点。

嗨！终于看到了那个胖乎乎的，蹬着自行车的小伙子，我大声地叫着。

哎呀！他也惊讶了："妈，你怎么来了？"

"看你总也不回来，我担心呀！"

"没事儿，老师找我谈话了！"

"哦，原来如此。"我放心了，和小伙子一起走在暖暖的路灯下，那种幸福，那种贴心，一下子弥散了全身。

小伙子说，老师发现他懒了，积极性不高了，要他想办法克服。他说，老师很强大，不仅告诉他应该怎么做，而且还能猜到他在家的表现呢。

小伙子感慨："说啥也没用，只有一条路可走：好好做！"

我说："小伙子长大了啊！"

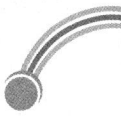

其实，我和老师沟通了一下，面对他的这种松懈状态，是需要我们一起提携的，怎能只把他交给老师呢？家长的责任更大一些吧。当然，这个沟通，是不能告诉小伙子的哦。

晚饭后，小伙子计划了一下写作业的时间，可是，时间有点长了，十一点了，还没写完。

我没让他再写。

我 的 心 得

都说孩子的信心是培养出来的，这话没错，在培养的过程中，讲究一点方法吧，比如，适当地给孩子放松一点（那个英语听力签字）；家长做个样子给孩子看（追赶变速自行车）；肯定孩子不合理的钻研（三十八分钟做一道题），当然，一定要注意分寸，在孩子做题的过程中，千万不要中途打断孩子，等孩子完成以后，再分析一下当与不当的地方。另外，朗读，对语言的积累、文章的理解也是大有好处的。

11. 沟通的问题——我不冷

11月29日　星期四　晴

昨天的作业没写完，小伙子早上五点起来，趴在被窝里，把剩下的几道题写完。天还没有亮，不到六点，小伙子又睡着了，那个香啊！

我坚持着没有叫他，然后，他起来的时候，时间就有点紧张了。

我皱了眉，替他着急。他说："妈，要是迟到了，还让我上学去吗？"

我反问："你说呢？"

他没有说话，加快了速度。看上去，是很紧张，但终究还是没有迟到。

中午，我的自责就大了！我怎么会成为这样一个不称职的母亲。

小伙子到家了，手里举着一个白色的"鞋垫"冲我做着鬼脸。

"怎么回事？"我问。

"鞋底掉了！"小伙子滑稽着。

"天哪！"我一惊。原来，小伙子上课间操的时候，鞋底忽然飞了出去。小伙子的脚底下便光光的了，只有一层薄薄的袜子。

此时的北方小城，晚上都已经开始结冰了。而我的小伙子，坚持穿着掉底的鞋上课！

我自责着。

小伙子安慰我："没事，妈，我不冷，还有袜子呢！"

小伙子说得轻松，可我的心，并不轻松，我怕啊，千万不要因为这，而让小伙子再引发一场身体不适。我祈祷！

小伙子，是妈做得不好！

下午放学，一进门，小伙子就高呼："哈，有鞋穿的感觉真好！"

我听了，哈哈地笑，眼里，却不由泛起一阵湿润。

也许是吸取了昨天的教训，小伙子的计划今天写得很合理，并且那么专心地去做。才九点二十五，小伙子就写完了作业。看来，先计划，再去写，这个做法，开始有成效了。

小伙子哼着小曲去洗漱，泡脚的时候，给我讲了一个小笑话，明显听得出，是他自己编的，拿我开涮了。我装傻，和他一起笑。

片刻，他神秘地问我："你没听出什么来？"

我眨巴眨巴眼睛，没说话。小伙子"蔑视"我："哼，你准听出来了。"

然后，笑。他和我讲，他的好朋友要过生日了。明天去他家，顺便买点礼物，好不好？

我说："明天再说吧。"

11月30日　星期五　晴

早上吃着饭，小伙子又说起了过生日的事情。

他分析说："上初中了，就不能买玩具了，太简单。也不能买吃的了，不能吃成大胖子。电子玩具也不能买了，高级的太贵，低级的太幼稚。所以，妈，我就给他买几个设计好看的笔记本，再买支钢笔，好不好？"

"嗯，好，你说得很有道理嘛！"我赞同道。其实，我还真没想到他自己能分析得这么头头是道，所以，爽快地答应了。

小伙子开心了，蹦跳着收拾书包，高兴地下楼了。

下午放学，小伙子回家放下书包后，高兴地出去了。那真的像是一只放飞的小鸟！

九点多了，我在路口等着他。远远地看见他和一群小伙子飞一样而来。

我叫一声，他听见了，停下自行车，叫了一声"妈"，然后，对那些小伙子说："你们先走吧，我妈来了！"

小伙子们听见了，回头和我说："阿姨好。"那个清脆，那个热情，那个亲切哦！

我说："你们好！"

他们挥手，要走。

我对小伙子说："怎么了？不愿意我和你们一起走啊？顺路，一起走吧！"

"呵，我怕你骑得慢，跟不上啊！"

"没关系，走吧！"

"好！"小伙子一使劲，我们一群人走在冬日的小城的路灯下，那么快乐。

今天是大放松，没有谈学习，只有开心。

我 的 心 得

　　与孩子沟通是要讲究技巧的，目的是要"有效"，此时，妈妈更需要自信和快乐。和孩子唱唱歌，打打球，读读文章，都是和孩子有效的沟通方式，在快乐放松的时候，走进孩子的心灵，让孩子理解家长，更能培养孩子的情商。

第五章　家庭环境的作用

1. 不良情绪反复的问题——我以为你不理我了呢

12月2日　星期日　阴

昨天，小伙子的爷爷奶奶来了。我们一家人包饺子。小伙子在屋里写作业。

可是，可怕的一幕又出现了：小伙子被一道题拦住，整整四十八分钟，小伙子一个字没写！

为什么反反复复告诉的方法就是不用呢？我好想发怒，本想控制的，可手里拿着的塑料袋还是飞向了小伙子。塑料袋里是肉，挂在了小伙子身上。

小伙子用眼光恳求我，别闹了，爷爷奶奶在呢！

我狠狠地瞪他一眼，没再继续。

小伙子流泪了。可是，小伙子的忍耐和为爷爷奶奶着想，是真的让我欣慰。

一天，就这么过去了。

今天，小伙子认真地写着作业，密密麻麻地写了好几篇字。我纳闷，是什么让小伙子写这么多呢？

我一问，晴天霹雳：小伙子的历史卷子写得太糟糕，被老师撕掉了，然后罚抄三遍！

小伙子在认真地抄卷子呢！

真不知该怎么和他说了。在他抄第二遍的时候，他的胳膊开始疼了，我问："什么感觉？"

"哎呀，天哪，要是能有复印机就好了！"小伙子皱紧眉头，直叫天。

"那以后的作业如何对待？"

"好好写，一定好好写！"小伙子决心很大似的。

这话说了没有几分钟，小伙子就冲进了厕所。

一分钟，两分钟，三分钟，四十分钟过去了，小伙子愣是没出来。

我进去一看：小伙子坐在马桶上，拿着手机！

我二话没说，拿过手机摔了个粉碎！

我以前说过，手机只能在打电话的时候用，其他时间不能用。

小伙子忙解释："妈妈，我是想看一会儿就去抄卷子啊！"

"谁相信呢？一看就四十多分钟？"

我不等小伙子辩解，离开了。

小伙子说："妈妈，我肚子不舒服。"

我说："蹲吧，不管了。"

安静，一切都安静了下来。

小伙子的爸爸回来的时候，依然安静。

我不再和小伙子交流，收拾洗漱，睡觉。

小伙子抄写完作业，也休息了。

小伙子的爸爸问我究竟怎么回事，等我说完，小伙子的爸爸批评我："你怎么摔手机呢？吓着他不说，你会把他的性格影响成什么样子？先不说考重点高中的事，要是不成一个善良的人，什么都白搭，是吧？什么事，慢慢来，对吧？你放手试一试，看能怎么样？"

我听着，不语。其实，我后悔，我知道这样对他的性格不好，可是，我为什么就控制不住呢？

12 月 3 日　星期一　晴

早上起来，小伙子的爸爸去叫他："小伙子，起床吧，别睡不够哦！"

小伙子答应着。他听得出，他爸语气里的调皮，而我也知道，小伙子的爸爸的调皮是为了缓和小伙子的心情。

我在客厅，没说什么。小伙子的早餐也没怎么吃就下楼了。

我头大，昏沉沉地过了一上午，不知道小伙子会怎样。

中午，我打电话给小伙子。

"我以为你不理我了。"这是小伙子的第一句话，沙哑着，低沉着。

我的心一疼，孩子，我怎么会这么凶狠地对你呢？对不起了，我的宝贝！妈妈改！

"怎么会呢？一上午肚子好受了吗？"我赶紧说。

"没事。"小伙子终于有了轻松一点的口气。

我这悬了一上午的心，也稍稍安静了下来。

下午下班，我早早地回家了，没有加班。我炒了豆角，煎了豆腐，做了菠菜鸡蛋汤，等着我的那个小伙子。

不大工夫，楼下的门铃响了。我拿过听筒，洋溢地叫着："小伙子，回来了！"

小伙子答应着，气喘吁吁地上楼。

"妈，考试时间定下来了，15、16号。我估计，我要是努力，考回去的可能不是没有（他指的是上次的第十名）。"

不等我说什么，小伙子就分析了他得分的点在哪里。

我点头，说"好。"

晚饭后，小伙子还是看了一会儿课外书，嘻嘻哈哈地读了一篇散文，然后才去写作业。这时候，已经七点五十了。

小伙子的作业写到十点多，还剩下摘抄没有背，我毅然拒绝签字。

小伙子没有丝毫的不快，而我，也没有任何的催促。

我们都进步了：他不着急，有计划了；我不着急，和颜悦色了。

12月4日　星期二　晴

一眨眼，六点二十了！

我噌地起来，去叫小伙子。嘿，不错，小伙子已经起来了！

我赶紧去做饭。小伙子的爸爸炒菜，我做汤。六点四十开饭。六点五十

准备出发。

哎呀，幸亏昨天晚上准备好了，不然的话，肯定都饿着肚子去了。

小伙子下楼的时候，忽然气愤地说了一句："时间怎么这么快呀？还感觉自己什么都没干呢，又周二了！"

我笑了："嗯，是呢，儿子，这说明你喜欢时间了，也说明你认真了！"

"有什么用？该干的还没干呢！"小伙子嘟囔着下楼，我笑着跟了出去。

一路上，小伙子把自行车蹬得飞快，是不是他感觉到时间的飞速了呢？

逝者如斯夫，不舍昼夜啊！

小伙子下午放学回来的时候，就忘记了时间，拿过漫画书就看。

我凑上去："嗨，要不打会儿太极吧？"

小伙子头也不抬，只摇头。

"要不，读篇散文吧？"

小伙子摇头。

"要不，唱首歌吧？"

小伙子仍摇头……

看着他看漫画书哈哈笑的样子，我彻底无奈了。

这样导致的最终结果是：八点小伙子才开始写作业，十一点多才全部写完。而这，还不算他没有背诵的百字片断摘抄。

我看着他，那个气呀！但不能发火，已经对自己说好了，不生气，不着急，不瞪眼。所以，我去烧水，给小伙子准备洗漱。

我 的 心 得

　　尊重，是和孩子关系和谐的基础。家长必须要学会控制自己的情绪，不要让孩子成为自己的情绪垃圾回收站。哪怕是遇到了孩子不能坚持一次次犯错的情况，也要保持冷静，同时，父母的意见要一致且合适，才是最好的，而孩子的信心大多时候是来自妈妈的，妈妈的情绪尤为重要。所以，尊重孩子，爱孩子，从管理自己的情绪开始。

2. 孝敬的问题——妈，我多幸福

12 月 5 日　星期三　晴

北方的天，见不得风。风一大，天就冷。

早上还没怎么样，中午这风就呼呼地刮了起来。小伙子是顶着风到家的。问他累不累，他一脸的不在乎："没事儿。"

心疼得我直感慨："小伙子长大了哦！"

而这种感觉让我在晚上有了更深的感触。

晚饭后，我去卫生间洗手，一甩手上的水，"啪"，直接打在洗手盆的瓷沿上，疼得我大叫一声，汗，也在头上渗了出来。

"怎么了？"在沙发上看书的小伙子大声问。

"疼，疼，啊！……"我忍不住地叫。

"来，来，我看看。"小伙子扔下书，拿过我的手。

我龇牙咧嘴着，哭笑不得。

小伙子看看我的手，起身去拿药。

"来，我给你喷喷，别着急哦，坚持一下就好了！"小伙子柔声说。

他托着我的手，给我喷上药，摸摸我的头："没事的哦，坚持一下。来，在沙发上靠会儿，一会儿就好了啊！"

小伙子扶着我，让我靠在沙发上，坐在我旁边，把我的头轻轻放在他的肩上。

他热乎乎的体温，缓缓地淌到我的身上，真是舒服。

我不动了，手似乎真的不疼了，看看手指，已经开始发青，估计会肿了。

小伙子胖乎乎的小手摩擦着我的后背，就像他生病的时候，我抚摸着他一样。我享受这温暖，这惬意。

此刻，小伙子一脸的担当，而我，却如此的娇小软弱。

其实也是啊，我们终究会老去，而他们，也终究会长大。

"来，我给你唱首歌吧！就唱《稻香》。"小伙子给我唱歌，一板一眼，还真像那么回事。

唱完了，小伙子问我："还疼吗？"

我眯着眼，笑。

小伙子轻轻地碰了我的手指，我只往回缩了一点。小伙子就认真地说："看来，还疼。待会儿睡觉前再喷一次，就会好了！"他像哄小孩一样地说。

我听着，微笑着，答应着，心里美着。

有多少时候，其实是我们剥夺了孩子长大的机会啊！

12月6日　星期四　阴

昨天的冷，持续到今天。小伙子回来的时候，就一个字："冷。"

我说："接受严寒的考验吧。"小伙子笑笑表示接受。

而小伙子接受的考验还有拔河比赛。

下午放学回家，小伙子说："我们拔河了！"

"结果呢？"我问。

"输了。"小伙子好大的不开心。

"本来，我们赢了第一局了，可是，第二局第三局败了，还是输了。"

"胜败乃兵家常事，争取下次再来。"

"还下次呢，我看我们班就是熊，连叫加油的都没有。"小伙子激动了。

"有气势当然好，但更重要的还是要有实力，对吧？"

"你说的也对，一班有很多大个子，我们班人小一点。"小伙子平和了一点。

"所以嘛，你们还有空间，好好锻炼身体，争取长个大个子，练得有劲了，等明年，说不定，你们就胜利了呢！"

"嗯，是，是得好好锻炼了。可是，哪有时间啊？"小伙子问。

"所以，你要合理安排时间，只要有心，就一定行。比如说，周日下午，要是能提前做完作业，不就可以打篮球去了吗？"

"嗯，也是。"小伙子平静地接受。

晚饭后，小伙子开始写作业，我又有一点小急，使劲地敲了几下桌子，快八点了，小伙子还在看书。

小伙子一脸无奈地说："妈，我到底怎么做，你才能开心？"

哗啦，我好像听到我的心瘫痪了。

是啊，要到底怎样才能开心？

"我要你早点写作业，早点睡，玩好，吃好。"我大声地说着，其实，我是想安静下来的，可是，还是忍不住地说了。

小伙子眼里有泪水。我的心，我的表情，都在波涛起伏。

但屋里是安静的。

"妈，这篇文章，我看不懂啊！"小伙子轻声对我说。

我瞟一眼，小伙子在做语文课外阅读理解，是一篇回忆散文。我说："那你试着做一下，有不明白的地方再问，好吧？"

小伙子答应着。没过几分钟，小伙子惊讶道："妈，你看这个问题？"

我一看，还是风马牛不相及的事情。正纳闷呢，小伙子发现新大陆似地说："妈，缺页！"

还真的，这书26页结束，就直接变成43页了，要不小伙子说看不懂嘛！

我们都笑了，但我的心沉了：一来是为书，孩子们用的书，为什么不能保证质量呢？二来为什么不能好好地听孩子把话说完，好好看看孩子要自己看的东西呢？

12月7日　星期五　晴

小伙子开始感慨："时间怎么过得这么快啊？"

我窃笑，小伙子啊，你终于可以开始为你的磨蹭买单了。

晚上，小伙子的爷爷奶奶来了。他们等着他们的孙子回家，看到他气喘吁吁地上楼，奶奶过去接过他的书包说："我们怕你作业多，明天就别回我们家了，好好写作业吧！"

小伙子"嗯"一声。

他坐下和爷爷奶奶聊天，说学校的事情，说学习的事情，还问爷爷奶奶冷不冷。

我忙着做饭，可怜天下父母心，哪里仅仅是我们啊，这隔辈的老人家，也心疼孩子啊！

晚饭后，爷爷奶奶不肯住下，要乘公交车回家。那么晚了，天那么冷，我和小伙子相视一下，小伙子懂得：我劝他们住下，力度不够，小伙子说话才行呢！

这是典型的"本末倒置"了哦！

小伙子坐下来，看着爷爷奶奶说："你们住下吧，下了公交车，你们还得走十多分钟呢，天又冷又黑，多让我们担心啊……"

小伙子的话，逗乐了爷爷奶奶，但无论我们怎么说，也无法阻止他们回家。

没办法，我们只好同意。趁他们不注意，给小伙子的爸爸打了一个电话，小伙子的爸爸回来，开车送他们回家了。我和小伙子拉着手，看他们远去，无语。

回来后，小伙子歪在沙发上看电视，我说："还是先把计划订了吧。"

小伙子看看我，沉静了片刻，去屋里写了明后天的计划。

然后，他就沉浸在看电影里了。

12月9日　星期日　晴

昨天小伙子把作业做得差不多了，当然，这其中还是有一个小小的插曲。上午，小伙子又遇到了一道他自己认为的难题，结果，无论我怎么讲解，又出现了上次出现的问题，一道题做一个小时。

我简单地说了一下，应该先放下。然后，就去洗衣服了，我怕自己坚持不住，会再说。

小伙子瞥我一眼，不说话，但还是坚持做了一个多小时。

做完之后，小伙子来到卫生间说："妈妈，我知道我错了，你别生气了，好吗？我长大了，有些事，我可以自己做了，好不好？"

"嗯，我不生气，只是希望你能合理地利用时间，别太累了啊！"小伙子的话，让我的心里不平静了许多。这是不是也可以证明，他是个孝顺的孩子呢？

小伙子答应着。

幸好，接下来的效率还算好。

晚上，我拉着坐了一天的小伙子去超市。我把家里需要的东西写在一张纸条上，把纸条、钱统统交给小伙子，让他去办。我和小伙子的爸爸去买衣服。

他很开心地告诉我们放心吧。一个小时后，小伙子圆满完成任务，给我们打电话，告诉我们，他在超市门口等我们，顺便申请能不能买一点烤串。我笑了，答应了。

我们去找他，他正优哉游哉地边吃烤串，边看行人呢！

我们三口一起走回家，小伙子不让我提任何东西，三个大包，他一个人全包了。我和他爸说："怎么行？我们来提一点！"

他一瞪眼："妈，你看你那小个子，算了吧，还是我来！"说着，脚下加快了速度。

我在身后，看着他笑，小伙子说自己长人了，看来，真的是敢于承担的小伙子了！

今天上午，小伙子做题累了，我叫他出来，一起做广播体操。现在的广播体操，和我们那时候的不一样了，于是我拜小伙子为师。小伙子开心地教着我，我真的有点笨了，好多的动作不协调。小伙子那个笑啊！我们笑着，

做着，满头大汗！

中午，小伙子说："妈妈，终于可以美美地睡上一觉了。"他申请我和他一起睡，我搂着他，阳光照在我们的身上，小伙子说："妈，我多幸福！"

"嗯，我也是。"我说。

我 的 心 得

　　谁说我们的孩子长不大？谁说我们的孩子不懂感恩？是家长没有给他们机会，所以，家长学会示弱吧，给孩子强大的机会，诸如疼爱长辈了，向长辈道歉了，主动帮家长干活了，这些都是可以的，千万不要说：你只管去学习吧，其余的都不用管了！生活中，只有让他去做那些他能承担的事情，才有可能逐渐强大起来，而孩子的幸福感，也会随之增加。

3. 亲其父，信其道——不要做多嘴的麻雀

12 月 10 日 星期一 雪

早上，零零星星地飘起了小雪，这是近几年这个北方小城的第一场雪。当我告诉小伙子的时候，小伙子开心地说："下雪了，下雪了，可以有雪玩哦！"

看着他开心的样子，我想起了我小时候，那时候的冬天，总是有白雪覆盖，上下学路上踩着雪，咯吱咯吱的，几个小伙伴走着，说着，笑着。常常是走的时候，天上有星星，回家的时候，天上也有星星。

而现在，怎么忽然就少了那么多的雪呢？也少了那么多雪的快乐。老天爷不愿意下雪了，是不喜欢我们这里的人了吗？

早饭后，小伙子匆匆下楼，大叫："妈，这雪也太小了啊！"

我笑，无语。

小伙子拿出他新买的雷锋帽戴上，忽然一下子不好意思了："妈，我是我们学校唯一一个戴这样帽子的，他们都说不好看。"

"是吗？那要不再另买一个？"说完这话，我就希望小伙子否定我，因为，真的不想他有那种从众畏众的心理。

"没事，戴吧，暖和就行。"小伙子的话，让我放心了。

可是，等到校门口，小伙子还是摘了下来，放到车筐里。我没说什么，毕竟是孩子，总要有一个过程的。

下午放学回家，小伙子第一句话，是高兴地疯狂地说的："妈，下周才月考呢，我有时间追赶了！"

我拥抱小伙子，小伙子开心得哈哈大笑。

到底还算是一个有心的孩子，知道自己学得不扎实，需要时间追赶啊！

第二句话，是失落地说的："妈，那哪里叫雪啊，我们拿在手里都不化！"

我哈哈笑了，说："雪根本就没下多少，你拿的是冰吧！是不是墙角的一点点啊？"

小伙子点点头，觉得没劲的样子。

12 月 12 日　星期三　多云

今天小伙子的作业可真多！

每一项作业完成时间，按二十分钟计算，小伙子需要二百八十分钟！

我简直无语了！

小伙了倒不着急，说已经在学校完成一部分了。小伙子计划好了写作业的时间，晚饭后看了一会儿"闲书"，给我讲了一个有趣的漫画，然后写作业去了。

在顺利地做完英语听力题之后，小伙子刚接触的几何让他愁头了，一道直线相交的习题，让小伙子浪费了两个小时！

　　唉，那计划别看了。小伙子自己说着，看看计划表，看看时间，低头接着想那一道题。

　　一而再，再而三的现象又出现了！

　　小伙子自己急，我也急。

　　我走过去，刚想说他，他抬头看我，嘘一声，说："不要做多嘴的麻雀！"

　　我一下子被他逗笑了，问："哪里来的这句话？"

　　"歌词啊，窗外的麻雀在电线杆上多嘴……"

　　"啊，原来如此，听以致用啊！"

　　我们都笑了，缓解了一下气氛，他继续写作业。

　　当他写完全部作业的时候，已经是零点二十三了！

　　"哈哈，终于写完了！"小伙子一声高呼。

　　小伙子的爸爸从隔壁进来："小伙子，写完了？爸爸和你说两句话，好吗？"

　　小伙子点点头，坐下来听他讲。

　　小伙子的爸爸说："今天你写作业很辛苦，是不是？可是，你想过为什么吗？"

　　接着，小伙子的爸爸给小伙子讲了猎人逐鹿的故事：猎人逐鹿的时候，通常选择高大健壮的领头鹿去抓。而这种鹿又不容易抓，猎人并不着急，而是骑着马不停地跟着它。其他的鹿远远地跑开了，发现猎人并不再追它们，就在很远的地方看着它们的领头鹿。过不了多久，不用一刀一枪，领头鹿就倒地而亡。讲完问道："为什么啊？"

　　小伙子眨巴眨巴眼睛，用手点着下巴，"呃"了一声，表示无解。

　　"它是因为累死的。猎人带着水，可以有水喝。而鹿呢？没吃没喝，最终累死了。所以，学习也要这样，要有方法，不能傻干，最后累死啊！你看，你用那么长时间做一道题，是不是有点领头鹿的风采？"

小伙子听得直点头，有点不好意思了。

"这是我讲的第一句话，要有方法。第二句话是要仔细，要从点滴的细处做起，小事做好了，大事自然而然就做好了。就像进家门放鞋一样，以前你做不好，后来我和你妈妈提醒，现在放好了，而且，你很自然地放好了。以后注意点，好不好？"

小伙子使劲地点点头。他爸拍拍他的肩，说："快睡吧！"

小伙子洗漱后，躺在床上，我给他按摩了一下他的胳膊，他闭着眼睛说："你也去睡吧，妈，谁给你按摩啊？"

话没怎么说利索呢，小伙子的鼾声轻轻地响了起来。

所谓亲其父，信其道，如此心安。

此刻，已经是零点五十了！

我 的 心 得

父母的唠叨是老生常谈的问题，前面说过了，可是，做家长的忍不住啊，总想说！没办法，还是一个字——忍！这时候，父母可以分工了：妈妈可以把亲子时间放在厨房，饭厅，出门遛弯等时候，而父亲偶尔一次"唠叨"，也许会事半功倍！

4. 改变的问题——看雪去

12月13日　星期四　雪

"大雪纷纷扬扬地下了一天一夜。"这是我们上学的时候，小学课本上一篇文章的开头。这么多年了，我从来没有忘记过，那么美，那么安静的句子。渐渐长大，为人妻，为人母，竟然很少再看到那样的大雪，更不用提我

家小伙子了。

傍晚，阴沉了一天的天终于飘起了雪花。在雪花中，我家小伙子回来了。头上，是片片的雪花，有盛开的，有变成水珠的。

"妈，下雪了！"小伙子那么开心，那么兴奋。

"雪又大了吗？"晚饭后，小伙子站在窗前看。

我看看表，七点多一点。

"要不，我们下去看雪吧？"

"真的？"小伙子很惊讶啊，"要是完不成作业怎么办？"小伙子紧接着问。

"嗯，没事，就一会儿，回来你认真就好了！"

"看雪去啰！"小伙子扔下手里的课外书，穿上衣服就往楼下跑。

楼下的小广场上，雪已经盖了两指那么厚了。

"哦……哦……"小伙子欢叫着。

他开始在小广场上撒欢，伸出胖胖的小手团几个雪球，使劲地扔向我。我惊叫一声，他哈哈笑得震天响。

小城的此刻，有许多的安静，他的笑声格外的响，格外的美。

看树，呀，挂了一层雪了！

看楼，呀，长白眉毛了！

看行人，呀，变雪人了！

看灯光里的雪，呀，亮晶晶的了……

小伙子不怕冷，在停着的汽车上画开心的笑脸。一辆车接着一辆车地画。每个笑脸都形态各异！

"妈，拍个照吧，给《小记者》投稿！"（小城的晚报有个版面《小记者》，专门刊登中小学生的采访和所拍照片，小伙子已零零星星地发了几个"豆腐块"了。）

"嗯，好啊！"我答应着，去楼上拿相机。

小伙子拍了几张，总感觉不好，有点丧气。

我说："没事儿，试一试吧！你给照片起个名字吧！"

"雪的微笑？笑雪？……哎呀，都太俗气了。"小伙子自言自语。

我看着他笑。

"妈，你给个意见？"

"我觉得啊，雪的微笑，或者微笑的雪都挺好啊！"

"唉，没劲！"小伙子也否定了我。雪花渐大，小伙子立马又开心了起来。

快八点了，我们上楼，小伙子的爸爸看我们湿漉漉的，呵呵笑我们。小伙子换了衣服，开心地写作业去了。因为玩雪，睡得有点晚了，但看他开心，作业效率也还好，我觉得，值！

12 月 14 日　星期五　雪

昨天的雪，一直断断续续着。

早上，我和小伙子商量："走着上学去吧？"小伙子痛快地答应了。

估计到校大约得需四十分钟，六点四十，我们就出发了。

天，灰蒙蒙的，路灯发着清冷的光。稀疏的汽车缓慢地行驶着。环卫工人开始清扫道路。

小伙子专门找雪多的地方走，我提醒尽量别把雪灌到鞋子里，就随他去了，适当的"放纵"，让他开心尝试，未尝不可。

小伙子没有忘记我，不时提醒我："妈，小心，别踩着坑啊！"

我答应着，心里暖暖的。

雪花还在缓缓地飘，小伙子抬头道："白雪纷纷何所似？"他刚学刘义庆的《咏雪》，竟可以脱口而出了。

我们一路走，一路笑。第一次尝试雪中走着去上学的他，看来感觉不错呢！

不大工夫，小伙子的爸爸开着车追上了我们，缓缓停在我们身旁，摇下车窗，问我们："上车不？"

小伙子看我，我看他，我们笑了。

"先不上，你跟着我们吧。"我对小伙子的爸爸说。

"妈，你行啊！"小伙子听了，嘿嘿笑。

我也笑，心里说：小伙子，就是要让你锻炼锻炼，当初爸妈就是这么走着上学呢！想上车，没门，走吧！

小伙子迈开步子，往前走，半个小时后，安全到校。

背着大书包的小伙子，在校门口回头，我们相互挥手告别。不知为什么，鼻子突然一酸。

孩子，我爱你！

中午，接到学校通知，因为雪大，下午放假了。小伙子欢呼呢，终于可以痛快地睡上一大觉了！

我说："作业要完成啊！"

"啊！"小伙子的情绪立马低落了许多。

唉，也是，我干吗非要给孩子泼冷水呢？

我 的 心 得

　　爱玩，不仅仅是孩子的天性，也是许多人的天性。当有新鲜事物出现的时候，不妨就给孩子一个玩耍的机会，让孩子去感知一下，找一切可以锻炼孩子的机会，身体上的锻炼，心理上的锻炼，所有的都是可以见缝插针安排的。学习的计划，在合适的前提下，是可以改变一下的，而改变，是为了让孩子更好地成长。

5. 电视的问题——九点半之前，保证睡觉

12 月 16 日　星期日　阴

周五下午，小伙子饱饱地睡了一大觉，可是，一部电影却"掠夺"了他晚上精神振奋的时光。

电视里放了一部两个多小时的电影，也许，小伙子根本看不懂到底要讲什么，吸引他的仅仅是惊心动魄的情节吧，但里面细小的感动，高超的电脑特技，缜密的思维，还是可以震撼他的心灵的。

偎在沙发上的我们偶尔聊几句，谈一下彼此的见解，小伙子好似有所悟，点头。

小伙子的爸爸说："你们娘俩可真行啊！都快零点了，还看呢！"

我没说话，依旧继续。后来我才知道，这是一部刚被允许播放的"电影"。

其实，自从小伙子上中学以来，电视是很少看了。只在可能的情况下，选择周末的空闲时间看些新闻、访谈、科学探索或者动物世界之类。开始，小伙子兴趣并不大，但当我和小伙子的爸爸参与进来，联系实际谈论着一些我们的看法时，小伙子也渐渐喜欢上了。

当然，小伙子并没有因此而耽误作业的完成。

因为一场大雪，整个小城的周六、周日都显得异常安静。

安静的周六，小伙子努力了，使劲地写作业。虽然最后用的时间比自己计划的多用了两个小时，但他的认真程度比前几个周末提高了不少呢！

小伙子终于知道，什么是合理安排了。虽然，这次玩和学习安排得还不是那么恰当，但总算是有了进步，而有进步就好，不能过快地追求完美呢！

我心里默默祈祷：小伙子啊，但愿你能继续好下去，继续一点点地发现自己的不足，继续一点点地改下去！

就在刚才，小伙子收拾完书包，看看我，看看他爸，然后坐在沙发上看电视。我们都没说话，他却马上说一句："放心，九点半之前保证去睡觉！"

我们都笑了，说："谁也没说什么啊！"

他尴尬地笑了一下。

九点十分，小伙子起身去洗漱睡觉了。

"嗯，好样的，坚持吧！"

哦，对了，还有件事情要记下来，那天拍的照片，最后确定题目：微笑的雪，前天投到了教育专刊，我们一起等待结果。

12 月 17 日　星期一　晴

早上，我是真的没有喊小伙子，小伙子慢腾腾地起来了。

我依然担心迟到，但小伙子愣是没有迟到。

在最后的十分钟里，小伙子已经跑起来了，嘴里念念有词："书包，试卷，校服，水瓶……好了，一样不少！"

"妈，走了！"小伙子一下子提高了嗓门。

"好！"我应声道。和小伙子一起下楼。

"今天不错嘛，一样东西都没落下，知道清点一下啦！"我说。

"这有什么？"小伙子又不屑一顾了。

"妈，除了那天我们走着去学校有路灯亮着之外，今天是第二次亮路灯啊！"

"真的？"我有点惊讶小伙子的细心。

"是呢！今天你就可以看到二分之一的学生进学校的壮观了！"

"这说明你今天去得早？"

"嘿嘿……"小伙子笑。

小伙子的笑一直持续到下午放学，一进门，小伙子就向我申请两件事情：第一，晚饭后高效率写作业，然后看一部电视剧的大结局；第二，明天中午在学校吃午饭，因为下午考英语，时间紧张，还要利用中午时间看看书。

我爽快地答应了第一件事情，告诉他原因是：这两天，自己能比较合理地安排时间，做事的节奏也有了提高，就算是一个小小的奖励吧。

第二件事情坚决不同意。一来，每天中午都回家，没有耽误下午的课，考试和平时上课没什么区别；二来，多学中午这十几分钟，也不会有太多效果，真要想学好，平时的点滴时间积累就会很好的；三来，第一次在学校吃午饭，会很兴奋，同学们之间就光顾着开心了，别说学习，恐怕迟到的可能性都有。所以，不同意在学校吃午饭，按时回家。

小伙子晴朗的脸，开始多云了。

我问："不开心吗？"

小伙子迟疑了片刻，说："有一点。"

"不开心是正常的，但我说的有道理吗？"

"哦。"小伙子答应一声，不再说什么。

结果，小伙子完成作业的效率还好，真的在看电视之前写完了。

可是，在写作业的时候，也有一个小小的插曲，小伙子刚接触平面几何，角的表示和角的度数的换算出现了问题。小伙子自己抓耳挠腮地想，我不语。

好大一会儿，我看不行，又要出现因为一道题而耽误若干时间的现象，就提醒了一下。结果，小伙子和我急了，冲我叫："你不说话好不好？"

我呆了一下，无语，退出去。

又过了一会儿，小伙子不耐烦地叫我："给我讲讲吧。"

于是，我找到理由了："你凭什么这样和我讲话？我提醒你，不过是不想让你掉到陷阱里罢了，你却这样对待我？"

小伙子眼里有泪，看着我。

"妈，你别生气了。当你要发怒的时候，要试着用一下理智控制法、转换思维法……"

小伙子一下子罗列了六种控制发怒的方法，这是他们政治课上学到的，

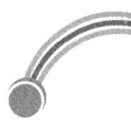

小伙子竟然用到我这里了。

看他可怜巴巴的样子，我又被逗笑了。小伙子也咧着嘴笑，但眼里还是忍不住流出了泪水。

"妈，我头都疼了啊！"说着，把眼镜摘了下来。

"都是着急惹的祸，是不是？好了，好了，讲题吧。"我摸摸小伙子的头。

小伙子沉寂着，我耐心地等待着。

终于，小伙子抬头："妈，开始吧！"然后，我们一起解决了那道题，小伙子顺利地做了下去。

我 的 心 得

其实，看电视、玩电脑并不可怕，选择得恰到好处，也是有益于提高孩子的视野的。而看一部电影，也对孩子的逻辑思维有好处吧。做家长的拿出一点点时间陪孩子一起看吧，你的陪同，会在孩子的一生里留下意想不到的印象！

6. 关于新问题的出现——我自己解决吧

12 月 18 日　星期二　晴

今早，我"诈和"了。

五点四十，被我看成了六点四十。

于是，我腾地起来，嚷叫着："快点吧，儿子，六点四十了！"

小伙子大叫一声："真的？"蹭地就坐了起来。

我奔向厨房……

"妈，你来！小伙子叫我，我急得不行，跑到他的屋里。

他举着手机："妈，你看时间！"

我定睛一看：哎呀，是我看错时间了。

我赶紧向儿子道歉，让儿子再休息一会儿！

"你这是不仔细！"小伙子白我一眼，咚地倒在床上了。

我去卧室，小伙子的爸爸正笑得不行。

"你为什么不告诉我？"我"质问"这个"可恶"的家伙。

我心里有底呢！这个"可恶"的家伙，诚心让我在儿子面前出丑呢！

下午放学回来，小伙子很严肃地说："妈妈，我惹事了！"

我一愣，听他讲。

早上做值日的时候，有同学踢自行车，他去阻止，结果受到那个同学的"威胁"，警告他不要管，否则，他的自行车就会遭殃。结果，下午放学的时候，自行车铃铛不见了。

回来的路上，他看到两个其他班的学生欺负他的同学，就上前去阻止，由开始的口水之战，发展到后来轻度的拳脚相加。最后，在同学的调解下各走各的，但他们说，明天不会放过他。

小伙子说完这两件事，我沉默了一会儿，让心安定了一下，问他："你觉得如何呢？"

"这第一件事嘛，我就损失了个一铃铛，没事，估计他不会再找我们班卫生区的麻烦了。第二件事嘛……"

小伙子沉默了。

"你有点不冷静了？是吧？"我轻声问。

"可是，他们也太欺负人了啊！我知道，我不该和他们动手，但说了不听呢！以后，我不管了，行不行？"小伙子提高了嗓门。

"不是不让你管，你这样做没错，只是方式不好，是吧？老师是不是教给你们，遇到紧急情况应该是见……"

"不是见义勇为，是要见义智为，对不对？"没等我说完，小伙子就把

话抢了过去。

"嗯，对呀，怎么当时没想到呢？"我问他。

"当时，谁来得及想这么多？"小伙子有点委屈。

"好了，不委屈啊，那接下来怎么办？我觉得，你应该先向老师说明一下，争取得到老师的理解和支持。"

"嗯……妈，不用管了，我自己解决吧！还有，别告诉我爸啊，省得让他担心。"小伙子犹豫着，思考着，然后告诉我。

"能行吗？"

"行！"小伙子很有信心的样子。

晚饭后，小伙子的作业做得比较顺利。只是，自己想多背一下历史的时间没有了。要月考了，小伙子有点紧张。

但我更期待明天小伙子的劝架事件的解决。当然，我也没和他爸说，避免小伙子以后不相信我。

12月19日　星期三　阴

很多事情，也许并没有我们想象的那么糟糕。有很多时候，是我们做家长的紧张了。关于昨天的劝架事件，今天是风平浪静，小伙子们根本就没再继续说下去。让我担心了一天啊！

孩子啊，真的是孩子！

初步接触到几何的小伙子，一回家就念叨："我这没听明白呢，角的度数转换怎么算啊？"

看着他焦急的样子，我劝他："别急，慢慢来，能会的！"

小伙子小心翼翼地做着题，做一道，就问："妈，看看对吗？"

"别想那么多，按你的理解做下去。你给我讲讲，这道题为什么这么做？"

小伙子一点点地讲给我，我耐心地听着，不时提出我的"疑惑"（我故意装作不明白，让小伙子讲得更清楚一些，加深他的理解）。

"很好嘛！太棒了，就这样！"我拍着小伙子赞扬道。

"真的？"小伙子瞪着眼睛问我。

"没问题，继续！"我鼓励他。

小伙子不再问了，剩下的五个转换，小伙子都做对了，虽然速度很慢。但毕竟增强了信心呢！

到求解计算角的度数的时候，小伙子做个鬼脸说："天哪，让我直接写结果多好，还要写过程！"

小伙子一直很讨厌写过程，常常是思路很对，却总是直接写出结果，因此，总被扣分。这是绝对不行的。

于是，我柔声地说："儿子，一定要写过程啊！你看航天技术那么复杂，要是只看结果，一旦出现问题，怎么找原因从头来啊？那么多的东西呢！"

"可是，我不会写啊！"

"别急，就把你说的写出来就好！先在草稿纸上试着写一下。"

"好吧！"小伙子不情愿地开始了。

小伙子写得很慢，也写得有点啰唆，但基本的、主要的过程都写到了。

"好样的，太好了，就这么写！而且，字也写得不错哦！我肯定他的同时，告诉他注意的点滴问题。"

小伙子长叹一声，是开心的。

结果，小伙子完成作业的时间晚了，十一点了。即便如此，还是不睡，无论我怎么劝，就不睡，他要我给他提问，准备后天的月考。

没办法，我开始提，他开始答。

不知不觉，已经零点了。我劝已经钻在被窝里的小伙子，睡吧。他固执着。但到底是困了，等我新的一道题还没说完的时候，小伙子就打起了小呼噜。

我睡意全无，看着他，心潮起伏。小城的夜，我只听得见他的呼吸。

我 的 心 得

孩子出现的新问题，不外乎学习上和生活上。生活上最可能出现的就是如何处理同学（或是师生）之间的矛盾。事情能自行消除的时候，就采取冷淡的方法，让孩子们自己吸收。当然，家长一定要完全掌控孩子处理问题的节奏，以免产生更大的矛盾。此间，家长的职责就是试着去指点孩子如何处理就好。学习上出现新知识的时候，孩子如果认为很困难，家长首先要给孩子信心，和孩子一起面对。这个过程会很慢，不要怕，要有耐心，一点点地走下来，会有好的效果。当孩子能逐步接受的时候，家长要做学习的"弱者"，让孩子做家长的老师，给家长讲，孩子会进步更快的。

7. 又一次月考——和爸爸一起奋斗

12月20日　星期四　阴

明天月考了！

小伙子昨晚睡得晚，今早迷迷糊糊地就起来了，洗了脸，抱着书就来到了饭桌边。

他看着书吃饭。

"儿啊，不要这么紧张，好不好？平时努力就好了！"

"嗯，我知道，妈，我这不是心里没底嘛！"

我们吃饭的时候，收到小伙子的爸爸的短信：起来忙去了，你们也开始吧！

昨晚，小伙子的爸爸加班了，住在单位。小伙子说："我爸什么时候回来，我什么时候睡觉，和爸爸一起奋斗。"最后，我告诉他，爸爸不回家了呢，他才钻进了被窝。

嘿嘿，奋斗父子俩呢！

晚上，小伙子说什么也不写作业了，他说那是周六的作业，今晚的任务就是背书。我笑笑，说："你自己安排吧。"

小伙子按捺不住激动，说："明天过去，就可以轻松两天了！"

我笑他："没出息！"他不屑一顾，自顾自说着："明天考试，回来写作业，然后……哈哈，就可以和同学玩电脑了！"

然后，他看我，我笑，没说什么。

是啊，小伙子很长时间没有玩电脑了，心痒痒了吧？

晚饭后，小伙子窝在沙发上，把书放了一堆，开始一本本地看，偶尔大声地朗读。

大约两个小时后，小伙子恳求我给他提问。我本不愿意给他提的，考试前，他本就紧张，要是背不好，影响情绪啊！

可小伙子不在乎，坚持。

那就好吧，我给他提。我找一些容易的让他答，他"批评"我欺骗他。

我哈哈笑，然后随口说出了他曾经错过的一道题，这让小伙子惊讶了。其实，我不过说得大概差不多罢了，意在提醒他，即使容易也不要轻敌。

"你怎么能记那么准啊？"小伙子用脚蹭着我，腆着小脸问我。

"对自己犯过的错误就得记住，不能让它再有第二次了哦。"我得意地说。

小伙子直接无语。

然后，还是坚持让我提问。我提了一些，劝小伙子休息了。

12 月 21 日　星期五　多云

小伙子今早起得太早了。距离考试时间还有一个小时呢，就坚持要走。我说等等吧。

他一本正经地说："这哪行啊，万一路上遇到红灯什么的，怎么办？"

"呵，今天你倒是想到了，怎么以前不着急啊？"我反问。

小伙子哈哈笑，穿了羽绒服就走了。

路灯还格外的亮，行人也稀稀疏疏的。小伙子的精神那么好。

中午，我和小伙子随意地聊了几句，好好吃饭，好好休息一下之类。小伙子吞吞吐吐地问我："你怎么不问我考得怎么样呢？"

"考完了，就完了，好好准备下午的考试吧！"

小伙子笑着叹一声，自己开始说了："我数学错一道题，得减3分呢。我看错了一个数……"

小伙子不好意思，他知道又是因为自己的马虎。我笑笑，说："好了，不想了，准备下午的考试吧。"

小伙子开心地答应着。

其实，我也想借机教育一下他的马虎，可这个时候说不合适吧！

下午考完了，小伙子并没放松，马不停蹄地写着老师留的作业。

他很兴奋，因为月考，老师留的作业不多，他完全可以写完，然后，就可以在周六疯狂地玩了，周日用来收心。

这是他在考试之前就和我商量了很久的。

我说看他的行动。果然，小伙子此刻使劲地写起了作业。

除了要整理的一周试卷，小伙子的作业在晚上七点多的时候就写完了。

他欢呼着，跳跃着，跑到我面前，挤挤小眼睛："妈，我是不是该……"

"哈哈，我知道了，去吧，不能超过一个小时哦！"

"妈，我一个月就玩这一次，同学和我说好了的，两个小时，好不好？"小伙子觉得时间太短了，有点不高兴，恳请我。

我做思考状，有几分钟。小伙子紧张地，可怜巴巴地看着我。然后，我点点头，算默许。

"妈妈，万岁！"小伙子叫着，去和同学联系了。

我收拾完了，来到他跟前，他正和同学们玩得欢呢！

我发现，他的QQ签名由原来的"初中了，加油"，改成了"月考完毕，唯一感受，PP痛！！"。

哎呀，还两个感叹号呢！我忍不住哈哈笑起来了，问他怎么回事。

他也哈哈笑，说："PP痛的不只是我一个，都这样呢！我们坐了一天，能不痛吗？"

是啊，小伙子们从早上七点十分进入考试，直到下午五点结束，是不容易啊！

我 的 心 得

孩子的进步是可以用两个手段来促进的：一是家长的榜样作用。家长可以给自己树立目标，也让孩子树立自己的目标，共同努力，相互激励。二是适当的玩要。其实，这种激励方法从幼儿时期一直到成人都是可以运用的，很好地完成某一项任务之后，给孩子适当的放松，满足他合理的要求。

8. 成绩下滑的问题——考试是个什么玩意儿

12月23日　星期日　晴

小城越来越冷了。戴了口罩，呼吸出来的热气一下子就把眼睫毛冻上了。眨巴眨巴眼睛，都一黏一黏的，好玩呢！

小伙子便在这寒冷的周六早上赖床，使劲地赖。醒了，趴在被窝里看书。一听到我和他爸进屋的声音，赶紧眯上眼睛装睡。

九点多，小伙子终于起来了。伸伸懒腰，那个惬意啊！做好的早餐也不吃了，爷爷来了，就和爷爷出去了。下午，同学来了，玩得不亦乐乎。

晚上，小伙子感叹："真爽啊！可是，明天就得收心了啊！"

今天上午，小伙子去听课了，数学辅导班，因为听说老师开了这样一个班，而他自己对数学信心不大，所以去试听。回来后，说："妈，交钱吧，我去。"

我点点头，去吧，听一段时间，看效果如何。

下午，小伙子又去听了一节语文阅读。回来和我说，和我说得差不多，但还是想听一段时间，看别人怎么讲的。

"好，你说去，就去。"唉，看来，我这个语文爱好者在小伙子眼里不顶事啊，甘拜下风！

听课回来，小伙子的爸爸打电话，让小伙子下楼。

"什么事啊？"我也跟着下来，我知道，小伙子要高兴了。

果然，小伙子一看到他爸，高呼："哟哟，切克闹，切克闹……"

也不知道他要表达什么意思，反正是喜愈狂啊！

他爸买了变速自行车！

其实，小伙子看了好多次变速自行车了，我一直没有同意买，因为小伙子个头矮，我怕他骑着不安全。和小伙子商量，先骑普通车，过一段时间再买，小伙子很痛快地答应了。

可这几天，他的自行车接二连三地出现了状况，他爸便和我商量，先买一辆小一点的吧。

于是，他爸便给了他一个惊喜。

小伙子那个开心啊！骑了一圈又一圈……放到地下室，是看了又看，摸了又摸。

我故作镇定说："你满意吗？"

"满意，相当满意！"

"可是，不是你想要的样子啊？而且，也没有你同学的那个好啊？"

"妈。"小伙子认真地叫我一声，一本正经地和我说："妈，你看，我想要变速，铃铛啊，车把啊，筐篮啊，都达到我想要的了吧？而且，骑起来也快，也轻松，达到目的就可以了。它就是一个代步工具而已，我不和别人比，好不好？"

我看着他，不说话。

"好啦，妈，我爸也说了，等我长高了，再买那个嘛。如果说是100分的话，这个就99分了。"

"真的？"我问。

"真的呢！好啦，好啦，我很开心！"

我笑了，我的目的达到了。我怕新买的自行车，不是他想要的样子，出现不高兴、攀比的心理，于是，我开始"攀比"了，在我的"攀比"下，小伙子能正视问题，把我想说的说出来。这样，小伙子是心甘情愿了，幸福指数更高了。

睡前，小伙子的兴奋继续。没人提到成绩，小伙子和我说了起来。明天就知道成绩了，本米，他下午就想问老师的，我阻止了，老师们好不容易休息一下，还是不打扰了吧，当然，我也希望小伙子轻松一下。

我说，你自己估分和实际上下不差5分，就很好了。

小伙子想想，和我说了一下他的估分。我感觉还可以，一起期待他的明天。

12 月 24 日　星期一　晴

骑上新车的小伙子是开心的。但小伙子一路很镇定，只问了我一句："妈，我这车是不是太新了啊？"

我笑："是呢！"

然后，小伙子一使劲，就把我落下了好远。

我叫："等等我！"

他看着我笑，那个得意啊！

孩子，毕竟是孩子啊，多可爱！

可爱的孩子中午就不开心了。坐到沙发上啪嗒啪嗒掉眼泪。其实，我能看出，他这次很认真很努力，而且他自己也比较有信心的。

可是，事实却是小伙子的成绩掉到了第十九名。考试成绩和他估计的有出入，语文、数学、英语成绩还好，保持在100分以上（满分120分），其他就不太好了，相差最多的地理竟然只有62分，差了近20多分。小伙子直泄气。不过，政治98分，第一的成绩多少让他有了一点点信心。

小伙子说："我在保持语文、数学、英语成绩稳步上升的时候，把其他科目也要好好努力。"

我说："好。"

晚上等到他爸回来，小伙子低头不语。

他爸笑呵呵地说："小伙子，怎么样？"

"不怎么样。"

"不怎么样是怎么回事，说说嘛！"

小伙子不好意思地说出了自己的成绩，脸，通红通红的。

我在旁边笑，他爸也笑，说："知道自己弱点在哪里，好好加油就是了，小伙子！"

"嗯。"他答应一声，就跑到自己的屋里去了。

我去屋里和他分析试卷、签字，小伙子和我商量调整自己的学习方法，我赞成，并提出了一些建议，小伙子又是信心满满的样子了。

做完这些之后，小伙子让我出去，还让我关上门。看来，小伙子是伤心了。睡觉的时候，我看他写的作文《考试是个什么玩意儿》，他说："考试是块肉，看能不能自己把它'烤'成一块香肉；他说考试是磨炼，磨炼心理成长的过程；他说考试是资本，是考出好成绩能在别人面前说话的本事。"

唉，小伙子呀，有心事了。

我，也有心事了。成绩下滑，怎么办？小伙子仍然怵头地理。记得第一次月考，小伙子就是在地理上下的功夫最大，现在也是。这期间，后来几次听到小伙子说怵头，但也看他努力地学习。偶尔，他也说，开始没学好，后面受影响了啊！现在看来，开始的时候，无论如何不能让孩子产生"怕"的心理，一旦“怕”了，后果很严重啊！

12 月 25 日　星期二　晴

昨晚是平安夜呢！我们谁也没有提到学习。今天早上，我就感觉到，昨天我们家是挺平安的哦！

早上，我们利利索索地下了楼，小伙子异常的平静。我觉得好，总算过了一道难关。可是，我真的怕他期终考不好，真的怕他就此一蹶不振。因为他说：“我们老师说了，第一次考好，第二次、第三次没有考好的，很难再起来了。”

我说：“有这样的情况，但不会多的。你看，班里的成绩稳定吗？是不是有起伏？一切皆有可能。”

他点头，不语。

晚上，小伙子的动作比平时快了许多。饭后仍是看了一会儿书，漫画书只看了几眼，就拿过一本文摘看其中刘墉的一篇散文，然后笑着去写作业了。

小伙子计划得不错，可是，安排的时间明显比所用时间要短得多，我估计不会按时写完。果然，小伙子延长了将近一个小时才完成。

小伙子不高兴了，噘着嘴，嘟囔着。我也急，不是急他的延时，而是他的心态，不高兴的心情是无法面对学习的，是尝不到学习的乐趣的，这样，怎么会有好的样子呢？

他今天有点小感冒，我没有多说，只劝他早点休息。

他说：“唉，都是我没有弄清情况造成的。”

我赞赏道：“对了，只有调查研究，才有发言权。以后啊，自己看看实际情况，再做决定就好了。”

小伙子点点头。

他这样耐心地分析原因，以前是很少见的，现在能够正确看待自己的问题了，这算不算是这次月考失利带给小伙子的警示呢？

但愿，小伙子会从此长大一点点。

我 的 心 得

　　孩子在努力的这段时间里，出现了青春期小小的波动，家长千万不要"推波助澜"，保持淡定的心情就好，该叫的就让他叫，该喊的就让他喊，只要在安全的前提下，孩子会慢慢好起来的。这里，多啰唆的是，孩子的家教问题，在孩子自愿的前提下，就一个原则：合适的才是最好的。

9. 家教的问题——合适的就是最好的

12 月 26 日　星期三　晴

　　小伙子起床的铃声响了，我进屋给小伙子开灯。

　　偶尔，小伙子还是会赖床的，这时候，我不再去叫他，而是把他的灯打开，等他自己起床。

　　在我开灯的一刹那，我看到桌上的纸有红笔写的字：再也不能无所事事了！

　　那是小伙子的笔迹。

　　我心里一阵感动，小伙子始终是有心的，可是，如何安排学习生活，如何再一次提高效率呢？我真的有点无措了。

　　下午放学回来，小伙子说："我今天可丢人了！"

　　"怎么了？"我问。

　　唉，上课回答问题，我倒是挺积极，可不知为什么，想的和说的就不一样，都错了！

　　哈哈，我笑了。"别丧气，没关系，这告诉你，知识掌握不牢固呢，把知识掌握好了，在心里打个草稿就可以了。"

　　小伙子说："我知道你就会说这个。"

我们笑着去吃饭。

小伙子的爸爸买回了鱼，小伙子唱着："我像只鱼儿在你的荷塘……"

然后，小伙子笑嘻嘻地写作业去了。

我跟进去说："儿子，我们商量一下啊，能不能把你的计划写完之后，看看是在哪一项作业上耽误了时间，总让你那么晚才能睡。"

"哎呀，妈，不用，我知道自己哪里耽误了时间，就是做题慢。"小伙子都不用思考，立马回答。

"那怎么解决呢？"

"学好了，就行了，好了，好了，你别管了。"小伙子不耐烦了。

我的汗嗖一下子冒了出来，他这样不听劝告，自以为是，能行吗？

但到底，我是忍住了，没说话就出来了。

小伙子的爸爸在洗鱼，说我："你不要多管了，你看一下，他自己能不能行啊！"

我看他一眼，没说话，心想：我知道，自己不应该管那么多，开始我怕他不适应，现在感觉适应了吧，成绩又总呈下滑趋势，怎么办？

其实，很多习惯是慢慢养成的，比如英语听力，一天不听，小伙子就感觉生疏。还有刚才问我：妈，你发表的那文章算名篇吗？

我扑哧一下笑了，妈那个差远了呢！

哎呀，完了，今天没读名篇呢！小伙子一脸的失望。

原来如此！小伙子刚才看我新发的那篇文章了，没有看名篇，他这是想抵消呢。

我被他的样子逗笑了，好了，快去写作业吧！能让我儿子看出优点来，我就很满足了！

小伙子也笑了。

结果，小伙子的作业又写到了十一点多，比他自己预设的时间延长了一小时二十分钟！

洗漱的时候，小伙子和我说了他和同学们放学路上的一段对话：

同学："你有没有异性朋友？"

小伙子："有。"

同学："在一起干什么？"

小伙子："玩。"

同学："上床吗？"

小伙子："上啊。"

同学："上床干什么？"

小伙子："玩。"

同学："玩什么？"

小伙子："三国杀，扑克啊。"

同学们笑了。然后，小伙子开始了他的猛烈反击："你们的思想政治怎么学的？老师白教你们了？异性同学之间也有友谊，知道吗？你们这样瞎想，对得起老师吗？"

在小伙子的一顿"咆哮"之后，同学们笑着各自回家了。

我静静听着笑，赞扬小伙子说得好，然后就催促他睡了。

看来，有机会得和小伙子谈谈"交女朋友"的事情了。

12 月 27 日　星期四　阴

小伙子早上不愿吃饭了，趴在饭桌上懒洋洋地问我："妈，我不吃了，好吗？"

自上学以来，每天早上我和小伙子的爸爸都尽量陪他吃饭，一来是为了他能吃好，二来是为了他有个好心情。

我看看他，又看看他爸，说："把粥喝了吧！"

小伙子无奈地不情愿地喝了下去。

小伙子的饭量一直很好，这种情况极少出现的，要么是身体出现了状况，要么心情不好。此刻，是不是因为前天的小感冒呢？

我的心又提了起来。

结果还好，小伙子喝完粥，吃了药，很平静地去上学了。

晚上，小伙子还是进食不佳，但精神状态还好。不过，此刻是有原因的，他的同学给他买了肉夹馍，还有奶茶，所以不饿了。

我不赞成，但是，既然都已经吃了，也不能怒吼了。我看着他，不说话。他不自在起来，说："我知道，不对呢，可是，同学请呢。"我开始笑，他继续说："同学问我吃不吃，我说随便，于是，他就给我买了。"我还笑，看他还能说出什么鬼花样。

"我知道，我要是说不吃，回家，就好了！"

我还是笑，见他也说不出什么了，就说："知道就好，那么着急吃完对身体不好，而且，我在家里等你，不担心吗？"

小伙子点头称是。

聊完了，小伙子坐在沙发上不动。我提醒他时间，他说知道。眼看时间一分分过去，我再提醒，他再说知道。他又被手里的书迷住了。

可是，作业写不完，怎么好呢？要是太晚了，不让他写了，他又不同意，坚持写，到最后，效果也不好，身体也不好。

终于，我要生气了，把书给他夺过来，扔在了沙发里。

他咕咚趴在地上，说："你和我着急，我爬着去吧！然后，蹭蹭爬到屋里去了。"

唉，这家伙，什么意思！

到屋里，他立马站起来，冲我说："除了地震大火什么的，不许进我的屋子！"

然后砰的一声，关上了门。

我哭笑不得，以前从没有过的现象，我进他的屋子，和进我自己的屋子是一样的。

好吧，看你今天能怎样。

眼看十点半了，小伙子的爸爸看我，悄悄问："还没写完呢？"

我点点头，说："嗯，看来没有，和我生气了，不让我进屋了。你去看看吧。"

我才不去呢，天天和你说，要冷静，别总是看着他，别总是唠叨，你不听。小伙子的爸爸终于抓住了我的尾巴。

我瞥他一眼，他不理我，继续看他的书。

快十一点了，小伙子急匆匆跑出来，大叫："妈，进来，快进来！"

我不知道怎么回事，忙进屋。

"快看表，几点？"

"十点五十八！"

"哦，对了，我按时完成！"小伙子高呼着，指着他的计划纸条。

我呵呵笑了，原来如此。

"看，你不用说，我有自己的计划，能完成的。小伙子很自豪的样子。"

"那……"

我知道，就是太晚了，做题慢了，这是我的原因。我只说了一个字，小伙子就接了过来。

我笑了，小伙子也笑了。

趁着他洗漱，我随便看了一下他写的作业，不管对错，只看一下书写。结果，书写真的不是很好，这个我得找机会再次提醒他。不过，我却发现了让我心里颇受震动的一篇随笔，其中片段如下：

她唠叨着进来。我瞪她，她平静了。可过不了多长时间，她又来了，我其实是有自己的计划的，我真的要崩溃了。当她再进来的时候，我狠狠地说了一句："请你出去。"她张张嘴，没说什么，但能看出她眼里的担忧和着急。我想说对不起，可是，她已经出去了。

文中没写名字，但很明显，指我。我看着，笑了，语言流畅，还挺生动的。我笑着的时候，想：自己是不是到了该放手的时候了？是不是就应该不再进他的屋子了？（当然，是在他学习的时候，以前总是进去纠正他的姿势啊，书写啊，或者提醒他哪道题出现问题了之类。）

我听见他泡完脚穿鞋的声音，赶紧出来。他看见我看他的作业，不会对我又是一阵"教育"吧？

12月28日　星期五　小雪

今年真的冷呢！天气预报说，我们这个省的部分地区能达到零下四十度！我们这里还好，零下十三四摄氏度。

早上起来，看窗外，呵，小雪又铺了一层，在路灯下，反衬得愈加的白。

小伙子听说下雪了，一下子起来了，好像很急的样子，但又一下子躺下了。

我看他，笑，不提醒。

他抬眼看我："不用管，知道。"

好大一阵穿衣，洗漱，吃饭，准备。小伙子下楼了，本来准备走着去的，但雪不大，就又骑自行车了。

我说："要是走着去，你肯定迟到了。"

小伙子不语，推了自行车，走人！

一路上，小伙子还算小心，不紧不慢地骑着，安全到校。

中午，雪花飘飘，路上的行人都顶了一身的白花慢慢蠕动着。我家小伙子怎么还没回呢？

电话响了。是小伙子用他班主任的手机打来的："妈，我在学校里吃午饭，好不好？路上好难走呢！"

"可是，你没有钱啊？"我说。

"没事，我同学有饭卡，借我呢！"

"那好吧。"我答应了。小伙子一阵欢呼。

下午放学回来，小伙子浑身几乎都湿透了。不用说，中午疯狂地打雪仗了！下午就湿漉漉地过了。

"你怎么知道啊？"小伙子一脸惊讶。

"我啥不知道啊！"我赶紧给他换了一套干净的衣服。

他还在手舞足蹈地给我讲着，如何吃午饭，如何打雪仗，如何回家，那个兴奋啊！

以前，他说过很多次，要自己在学校吃午饭。今天，他期盼了很久的在学校吃午饭终于实现了，美啊！

这是不是孩子想要"飞"的一个征兆啊？

此刻，我要适当地放一下手，不束缚他，不让他自己再为此"伤脑筋"地去想如何对付父母！

12月29日　星期六　雪

因为元旦调休，小伙子今天继续上课。

早上，雪已经把小城包得严严实实的了。小城安静着，偶尔有车或人经过，也都稀稀落落的。

我休息，决定和小伙子一路走去学校。

我负责背着他的大书包，他自己提着小书包。我一下子仿佛回到了学生时代。

走在路上，踩着雪，咯吱咯吱的，那么清晰。我们聊着天，我给他讲我那时候走着上学的事情，怎么样啪啦一下子摔倒，怎么爬起来，怎么团雪球，怎么堆雪人，听得小伙子哈哈直笑。

下午放学，小伙子走回来，直喊累死了。我惊讶："你这么'菜'啊？"

"哪里，是打雪仗摔的！"小伙子具牙咧嘴着。

我笑了。饭后，小伙子延续了前两天的做法，不让我进屋，让我自己看书，他接着去做他的题。

看着他关了门，我傻傻地有点呆。难道这就是我完全放手了吗？可是，我心里一点底也没有啊！

做题，还是磨蹭；背书，还是马虎；检查，还是应付……

怎么办？我在客厅里使劲地听着他的动静。

打开录音机，听听力，翻书，然后是安静，安静，安静得我心里七上八下。

一个半小时过去了，他突然叫：妈，进来，给我听写。

我一听，马上就想冲进去，但还是定了一下神，稍停一下，不能让他看出我的心焦。

"妈，来了吗？小伙子催促了。"

"来了。"我不慌不忙地进去。

我装做作无其事的样子看了看他的作业，速度还可以，字还是不好。

我没作声，给他听写，这个过程中，我提醒他字写得不好。

第一遍，他答应着，第二遍，不作声，第三遍，急了。

我说，好吧，你自己承担后果。

我签字的时候，这样写：记忆比较熟练，书写差。

小伙子看了，瞥我一眼，没说话。

收拾好书包，小伙子总结自己所用时间，哈哈笑了："妈，今天我没浪费时间，也没延长时间，正好！"

我肯定：希望你继续！希望你能有节省的时间！

年：　　　　　　浪费时间：

月：　　　　　　延长时间：

日：　　　　　　节省时间：

原　因：

（小伙子的时间表：每天自己先订计划，然后按计划完成，最后分析一下时间分配，坚持一段时间后形成习惯，就不再写了。）

12 月 30 日　星期日　晴

今天是2016年小伙子最后一天的在校时间。

上午上课，下午联欢。小伙子当然高兴，首先就表现在他精心准备了零食，其次是叮嘱我给他的相机充好电，他是联欢会上的录像师。

我自然充当起了他的助手，准备好相机！

下午放学回来，他咚地将自己扔到沙发上，拿过书来看。

我叫他，他不动。我笑，他也不动。我有个好消息没有告诉他：他韩姨要请他吃饭。（韩姨是我同学，他儿子翔儿和小伙子相差一岁，很要好，因为不在一个学校，很难相见。每每假期才有机会一聚。昨天我们商量好了，与另一个他们的好朋友强儿一家一起迎接新的一年，但怕小伙子不能安心上课，就一直没告诉他。）

然后，我轻轻说了一句："翔儿要来！"

他高呼一声，分贝之高，让我震惊啊！

接下来，自不必多说，小伙子们在一起欢唱，我们在一起畅谈，快乐的一晚上。

而这个快乐的晚上，我们几个家长很感慨。

几个月前，这三个小伙子在一起还有矛盾，还有争吵，甚至还会哭鼻子，可今天，他们彼此那么呵护、谦让，虽仅差了一岁，但哥哥真有哥哥的风范呢！

大大出乎我们的意料啊，我们相视一笑，他们长大了！

成长真的是缓慢的，是不经意间的，是需要等待的。

而教育却是一场内战，是要争取和平的，这又是多么的不容易啊，需要那么多的智慧和力量，还有那么长的时间！

12 月 31 日　星期一　晴

昨天高兴过头了，小伙子今早说什么也起不来了。虽然放了假，他的数学复习班还是要开课的。他迷迷糊糊起了床，慌里慌张吃了一个鸡蛋，喝了杯牛奶，下楼。

来到数学复习班一看，傻了眼：一个人没有！

小伙子恍然大悟："今天不上课，后天才上！"

小伙子那个懊悔啊！

我真想冲他吼一句："我还得上班去呢！"

我怒气冲冲地瞪着他，他也不好意思了！

"发火没用，回家吧。"小伙子回家，我上班。

据说，回到家的小伙子写了作业，然后大睡，睡到下午三点多开始写作业。我晚上回到家，小伙子不好意思地告诉我，作业写得不多。

我笑笑，没作声，情理之中。他放松自己了。不过，他已经订好自己的计划了，不让我插手，那好吧，虽然我不太看好他，那就拭目以待，看看他的自控性到底增长了多少。但愿是新年新气象！

我 的 心 得

前两天，出现的情况一下子多了起来。一是考试后孩子提出补习。当孩子提出自愿补习的时候，作为家长应该支持这种想法，和孩子一起分析补习的利弊，然后做出选择。二是成绩下滑。在孩子努力的前提下，孩子成绩还是出现了下滑，不可着急，只能一点点找原因，及时更改可能不适合孩子的方法，重新再来，从开始的扶持，到后来的帮长，到最后的放手，形成自然，一定要保持孩子的信心。同时，给孩子找准一个努力的方向，目标不要太高，一点点的进步就好。三是攀比心理。孩子的攀比是可以克服的，不一定要正面说教，可以曲径通幽，在孩子的欲望平静的时候，选择一个不被注意的时刻，或者是孩子取得成绩的时候，小小地满足一下孩子的心理。

第六章　关注细节决战考试

1. 放假的问题——再试着燃烧一次希望

1月3日　星期四　晴

疯狂的元旦，快乐的元旦，紧张的元旦。

小伙子今天是彻底找不着北了！

1日，回老家，看爷爷奶奶，一起过元旦，小伙子疯狂地玩耍了一天。

2日，上午去数学复习班，下午听一节阅读理解课。然后理发，洗澡。挺快乐的一天。

3日，八点多起床，写作业：英语，语文，数学修正本，一样样地来。直到晚上九点半，作业终于写完。小伙子站在卧室中间，发愣：我写了？我真的写完了？我怎么感觉还有没写的东西呢？

我看着他呆呆的样子。他紧张之后，有点懵了。紧张的一天。

看看今天的日子，小伙子一天没有下楼，坐在桌子旁边整整过了十三个小时，我的小伙子啊！

然后，在写作业的间隙，小伙子自己和自己急，抓耳挠腮地看看我，问："你是不是着急了？"

我憋了半天的火终于被他自己点燃了。我和他爸，轮流上阵，中心话题只有一个：为什么说话不算数？因为小伙子自己说了，不用我们管，自己会安排的。结果是以失败而告终啊！

小伙子啊，到底还是不能自控，还是只会订计划，不会实施。

面对我们的轰炸，小伙子保持沉默，然后，泪流满面。

看着他，忽然觉得他可怜，可是更可恨。

他仰头长吼一声："啊……"

我们静静地给他发泄的机会。

孩子接受了批评，悔恨自己的贪恋玩耍，难受啊！既然如此，总还是要给一个合理的发泄出口的，吼就吼吧！

小伙子发愤图强了，当写完作业的时候，没有惊喜，只有忐忑，所以站在卧室中间，问自己："我真的写完了？"

看他这样子，我问："这先甜后苦的滋味如何？"

他摇摇头，很警醒的样子。小伙子啊，希望你真的警醒啊！

1月4日　星期五　晴

不知为什么，早上闹钟没响，睁开眼睛的时候，已经六点五十了！

我唰的一下子起来，小伙子也开始着了慌，他说不吃饭直接去上学。我拦住他，煮了馄饨，小伙子匆匆忙忙吃了几口，下楼，估计迟到了。

迟到了的小伙子竟然是开心的，原因很简单：趁老师不注意溜了进去。

唉，怎么说呢？

看着小伙子的得意，我笑笑，和他讲，这样的投机取巧，会害死你的。

他仍乐呵呵地，不在乎，觉得挺好的。

写作业的时候，小伙子自己订了计划，还好，按计划完成。

1月5日　星期六　晴

终于，我和小伙子的战争起来了！

因为元旦放假调课的原因，小伙子今天上课，明天休息。

下午放学回来，小伙子就急着向我报告好消息："我的作业已经完成百分之四十啦！"

"哦。"我答应一声，没有做出任何表态。我知道，小伙子有事要说。

果然，他向我申请，要在电脑上下载几首歌曲。

我瞪他一眼，想拒绝，但看他可怜巴巴的样子，而且他说保证会严格控制时间。

"那好吧。"我答应，我也趁机检验一下，他说话算数的程度。

他自然高兴。晚饭后，很自觉地到电脑前面去了。

看着他的背影，我那个气呀："怎么这股劲头就用不到学习上呢？"

小伙子控制时间还可以。可接下来，又提了新的请求："看一会儿视频吧。"

我这气真来了，冷冰冰地对他说："好，你自己决定，我不管。"

"那……我去了？"小伙子看看我，知道我不高兴，但因为我没拒绝，他还是去了，而且还关上了门。因为我把电视打开了。

三十分钟后，我关上电视，洗漱。电脑在我们的卧室，我进不去了，就半躺在沙发上，等着他。

小伙子一直看到十一点。

终于，小伙子发现了异样，跑出来，看到我，大声问："妈，你怎么了？"

此刻，我气得眼里蓄满了泪水。

我不作声，小伙子仍旧着急，大声地问。

我痛彻心扉地说："我就说三句话：一、你说只下载歌曲，可为什么又看视频？你说看一小会儿，这一小会儿是一个半小时吗？二、我打开电视，十点的时候关上，是为了提醒你，该洗漱了。可你呢？你就那么忍心让你的妈妈在客厅里睡觉？三、你是一个聪明的孩子，你不要让自己的惰性贪婪毁了你自己。"

小伙子看着我，低声地说："妈，你别生气了，好吗？去屋里睡吧。"

我叹口气，回屋。他去洗漱。真巧，他爸回来了，看我们安静的样子，他以为一切风平浪静。

1 月 6 日　星期日　晴

我不知道小伙子昨晚几点睡的。我趴在床上，写下这一场"战争"的时候，他屋里灯还亮着。

早起，我头疼。收拾一下，我去上班了。

　　快中午的时候，我收到短信："妈，再试一次吧。再试着燃烧一次希望。"

　　呵，又来这小伎俩，曾经不也这样信誓旦旦吗？我真是不敢相信了。

　　我决定，我完全放手，看他期终成绩如何。于是，我回复："你的事情你做主，期终成绩见吧。"

　　小伙子没有回复。

　　晚上回家，小伙子正和同学玩得开心。我给他们拿了些水果，就和他爸做饭去了。

　　等同学走了，我问一句："是不是玩电脑了？"

　　小伙子的脸红了，"嗯"了一声。

　　我没说什么，继续做饭。

　　小伙子整理着自己的书包，很安静。

　　晚饭后，小伙子问我："妈，检查作业吧？"

　　"不检查了，只要你自己心里有把握就好。"我很平静地说。小伙子肯定感到吃惊，因为上午小伙子给我打电话的时候，他就很有信心地说："妈，你下班回来等着检查作业就好了！"

　　他以为我会检查，我才不呢，我要放手了，我不再提醒了，你呀，该长大了！

　　小伙子自己重新整理了一下作业，我和他爸在看书。一个晚上，安静地度过。

我 的 心 得 ✎

　　　　孩子们在假期很容易松懈，而"收心"却是一个痛苦的过程，所以，假期也要适当地保持紧张，良好的惯性是可以助推孩子一臂之力的。

2. 青春期的烦躁——妈妈，我爱你，可是，我烦你

1月7日　星期一　晴

准备好早餐，小伙子还在被窝里伸着懒腰，我不说话，等着。既然下定决心不提醒了，自己首先要淡定。

时间一点点地过去，饭菜一点点地变凉，我那个心急啊！

终于小伙子自己起来了，我看着他笑，他不动声色，洗漱，吃饭，下楼。

晚上，我和小伙子的爸爸终于男女混合"双打"了。

起初，晚饭时，我们边聊边吃，挺开心的。小伙子自己说："哎呀，还有二十几天就考试了啊。"我们鼓励他，说："能有这样的感觉，努力就好。"小伙子点头，吃饱了，就去自己屋里准备写作业。小伙子的爸爸想看电视，又放弃了，拿起了书。我收拾饭桌，准备明天的早餐。

进屋的小伙子拿着一本课外书懒洋洋地看着，丝毫不见写作业的动静。我和他爸相视一下，谁也没有作声。

约二十分钟后，小伙子开始慢腾腾地写作业。我去阳台拿东西，必须要穿过他的屋子，结果，小伙子激灵一下子，把写着的作业本合上了。我像没有看见一样，从他身后走过。

小伙子见我没看他，小心翼翼地打开作业本，接着写。

我心跳如鼓：小伙子有秘密了，可是，会是什么样的秘密呢？青春不过刚刚开始，就这么敏感了吗？

收拾完了，我也拿起书，和他爸一起看。

时间在寂静中马不停蹄地向前。

十一点了，我起身去问小伙子："还没写完吗？"

小伙子点点头，说："还差一点。"

我一看："哎呀，这叫一点啊？一张数学试卷才做了二分之一！"

再定睛一看，计算题错了，没有按运算规律去做，而且又是直接写得数，没有过程！

我这火腾地就来了，冲他吼："你因为这错过多少题，知道吧？提醒你多少次了？那天你爸还提醒你写过程，对不对？你这样投机取巧是偷懒，是混蛋！"

我的大嗓门明显地惊动了他爸。

他爸凑过来一看，立马黑了脸。半年来不曾发火的他，对着小伙子一阵"狂轰滥炸"。

我在旁边不说话，直喘大气。

小伙子的泪啊，鼻涕啊，流啊，流……

轮番轰炸之后，已是十一点四十了。小伙子还在坚持写作业，我们去隔壁屋子等他，不说话。

写完后，小伙子自己洗漱，睡觉。

我无眠，听着他躺下，没有去看他，心乱如麻。

小小的人有了心事啊。常说自己的雄心壮志，可这慢吞吞的节奏，怎么就不能有所改善呢？

心事，学习，怎么明了？

1月8日　星期二　雾

因为昨晚的不愉快，今早的气氛仍然是压抑的。

饭做好了，小伙子还没起床。我做了一件不应该做的事情：悄悄看了他昨天突然合上的作业本。原来，是因为英语课上一个造句，他说，Mr.Li is my favorite teacher.又说Mr.wang is my favorite teacher.（Mr. Li /Miss Li is the teacher I like best）老师说，你怎么老变啊？然后，他就担心老师不喜欢他了。唉！找个机会，得把他这个心病治了。

小伙子起床的时候，六点四十五了。我没作声，默默等着他。

吃饭的时候，我问他："晚了吗？"

他说："不知道。"

这是今早我们说过的第一句话，也是唯一的一句话。

出门的时候，小伙子的爸爸说："把你自己的碗洗了。"

小伙子不作声，洗了碗，下楼。此时，已是七点十分。肯定迟到了。

我悄悄给小伙子的班主任发了条短信，把情况简单地说了一下。我希望小伙子低落的心情能在老师爱的感染下有所缓解。现在的老师啊，真是不容易，还常遇到我这样的家长带来的"骚扰"。

而我，一路心情不平，我们家长到底要孩子怎么样？成人还是成材？可是，成不了人，如何成材？都是天天讲的道理啊，可又有谁能真的淡定地做到呢？

下午放学回来的小伙子依旧一脸严肃。我力求平和一点，像平时一样地问："儿子，今天还好吧？"

他"嗯"一声，面无表情。

吃饭的时候，我开始找话和他说："今天班里最开心的事情是什么啊，最搞笑的事情是什么啊，最悲催的事情是什么啊？……"他在连着说了几个不知道之后说："我最悲催了。"

我惊讶地问："为什么呀？都说生活充满阳光呢，你却这样说？"

"我活着就是悲催。别说阳光了，我心里啊，连月亮的亮光都没有。"小伙子那么平静地说。

我的心不平静了。

"这怎么可能？你们多年轻，多好啊，妈妈羡慕你们呢！"

他摇摇头，放下筷子，坐到沙发上去看书。

不大工夫，他忽然叫我："妈，看过这篇文章吗？"

我看一眼说："没有呢！怎么了？"

"你看看吧。"小伙子递给我。

我一看，是写母亲的：火灾中的母亲，洪水中的母亲……

看的时候，小伙子低声地说："看看这个，我觉得对你是有点过分了……"

我听了，看着他，眼睛湿了。

半个小时后，小伙子去写作业了，很安静，很认真，速度明显比昨天快了。

1 月 9 日　星期三　晴

心情好了的小伙子，让我的心情也随之安定了许多。可是，我仍然在担心着他的那个心结，如何消除英语课上那个造句的心结呢？

我在寻找着机会。

晚上写作业之前，我建议："写累了作业唱首歌吧。"

小伙子自然很高兴。

"但必须得唱一首完整的歌曲哦！"我补充道。

"什么？"小伙子一脸吃惊，继续说："好多歌都记不住歌词呢！"

我嘿嘿笑，其实，让他唱歌的目的有两个：一是缓解一下坐了那么长时间的劳累；二是知道了歌词，也有利于词语的积累。

自然，这件事情没有成功。原因很简单：小伙子写作业之前，磨蹭着看课外书。我故意弄出一点声响，意在惊动他。

他倒是明白，看看时间，慢悠悠地去屋里了。一下下的，缓缓地拿出作业。

"儿子啊，能不能快一点啊？你看都几点了啊？"

他回头用眼睛斜着看我，我一跺脚，转身离开。

"妈妈，我爱你，可是，我烦你。"

我去卫生间，正准备洗衣服，小伙子在屋里大声地叫了这么一句，我听了，愣住，半天没有说话。

然后，我哈哈笑了起来，说："是呢，你爱我，因为我疼你了；你烦我，是因为我啰唆了！"

"呵，妈，你真牛，你怎么知道啊？"

"唉，人贵有自知之明。我改。"

然后，我们都不说话了。我心起伏着。今天，我不但没有解决他的心结，自己反而多了一个心结，我为什么要让儿子烦呢？

我 的 心 得

  渐渐长大的孩子，心事也会渐渐多起来，而这些所谓的心事一旦排解不好，就会引起他的烦躁，继而影响学习，影响成长。家长除了认真观察之外，要合理地引导，必要时，要和老师及时、充分地沟通，使孩子顺利度过青春期的躁动。

3. 关于孩子的情商——你恨你们老师吗

1月10日　星期四　阴

阴沉沉的天啊，小伙子不断地在接受着严冬的考验。其实，也挺好的，男子汉嘛，总要经历雨雪风霜。

晚饭做好了，小伙子还没回来。

正在我焦急的时候，小伙子用他的校讯通打来了电话："自行车链子掉了下来，正要往家走呢！"

"呵，真好，考验的机会呢！"

我笑了。没有告诉他，我去接他。

我骑上自行车去找他。

路上，人正多，路灯发出银白的光，给每个人都涂了一层白纱，说不出的美。远远地，看到一个人推着自行车走来。

　　我冲他挥手，没看见。再挥，还是没看见。直到我到他跟前了，他才突然知道了似的，抬手使劲地摇。

　　"请看。"我从车筐了里拿出两根筷子，举起来摇晃着。

　　"哈哈……"小伙子这个笑啊，"妈，你可真行，考虑得还挺周到。"

　　就是，遇到困难先要想一想该怎么做嘛！

　　我和小伙了一起把车链上好，虽然沾了两手油，但开心着呢！一路上，我和他聊着："妈上学的时候啊，有一次被数学老师狠批，为什么呢？因为那时候，我们代数和几何是分开考试的，代数我几乎不及格，可是几何每次几乎都是满分。于是，数学老师不满意了，对我说：'你怎么学的？想不想考学啊？'当时我听了，多么难受啊，我这么踏实一孩子，怎么会这样遭到批评呢？老师会不会不喜欢我了呢？后来啊，才知道，正是因为老师喜欢，老师才会批评我，有时候，还会和我开一个小玩笑。"

　　"妈，那你恨你们老师吗？"

　　"不恨啊，要是没有那个老师，说不定，妈就真的考不上大学了呢！"

　　"哦……"小伙子答应一声，"那，老师要是批评我，那老师也还喜欢我？"

　　"当然，肯定的，爱之深，责之切嘛！"

　　小伙子听了我的话，一言不发，使劲地蹬着自行车。

　　我在他后面，看他日渐强壮的背影，心里一阵感动：小伙子，但愿你能解开那个心结！

　　晚上，小伙子的作业效率比较高。他开心地去洗漱了，然后，躺在被窝里复习地理。

　　看来，他是开始实施自己的计划了。

1月11日　星期五　雾霾

　　雾蒙蒙的天，到处都是湿漉漉的。北京已经橙色预警啦！

　　早上，小伙子迷迷糊糊问我："妈，外面有雾吗？"

我呵呵笑了，说："有。"他之所以问这个问题，是因为他怕戴口罩，呼吸的时候，眼镜上就蒙上了一层雾气。

"啊！"他叹一声，又把头往被窝里钻了钻。

我站在旁边看他，不语。

不一会儿，小伙子嘟嘟囔囔地起床了。

晚上回家的时候，小伙子眉开眼笑的。

我能猜出，小伙子准是又有什么开心的事情了。果不其然，小伙子报告了三个好消息：

一是老师找他谈话了，说他最近状态不错，要保持。这说明老师还是相信他！小伙子那个得意哦！（看来，昨天的工夫没白费。）

二是小伙子的作业已经完成了百分之四十，周日可以有大量的时间用来复习啦！小伙子很有信心的样子。

三是小伙子体育课上和同学们玩沙包了，那个痛快呀！这种快乐，一直持续到下午放学回家。看来，运动的快乐是无时无刻不存在的啊！

晚上，小伙子站在我面前不说话，拱着双手，歪着大头，咬着上唇，笑眯眯地看我。我也看他，眨巴眨巴眼睛，传递给他一个信息：什么事，说吧！

"我作业写了那么多，是不是可以看会儿电视啊？"

"哈哈……"我一下子笑了，说："就知道你有事！"

我这一笑，他立马知道我是默认了，高呼一声，就去找遥控器了。然后，他看了一部电影，他说："妈，电影其实比电视剧好，时间短，情节也紧凑，而且，你得认真看，要是不认真看，都不明白呢。这样，是不是也可以锻炼我写作文啊？"

小伙子说得头头是道，显然他是给自己看电视找了一个冠冕堂皇的理由。

我笑了："有道理。"

"就是嘛！"小伙子像大人似地点点头。

片刻，小伙子悄悄问我："你现在的日记写我干什么了？"

我一惊，瞅瞅他，纳闷：他什么时候发现的呢？

"嗯，写你好好复习，迎接期终考试呀！"

他嘿嘿一笑，没说话。

1月13日 星期日 雾霾

昨天，小伙子到底还是睡了个懒觉，九点起床。简单吃了早餐，就开始写作业了。

小伙子的爷爷奶奶来了，叫他一起去菜市场。他客气地拒绝了爷爷奶奶，说："要坚持把作业写完。"

我这心一下子轻松了。

原来只要有人叫他，他犹豫一下，准是跟着去了。今天，总算控制了自己，还不错哦。

他去卫生间的时候，看看正在洗衣服的我，一脸的坚定。我冲他笑笑，他也笑。谁都不说话，但谁都明白。

他出去的时候，我们不由呵呵一笑，各忙各的。

等他写完作业的时候，他高呼着"爽"，就跑了出来，大吃一顿。

今天，却出现了一个问题：小伙子的腿疼啊！我不知道怎么回事，轻轻地给他按摩，他的叫唤却是惊天动地。

吓坏我了！

我问怎么回事，小伙子只皱着眉头叫，不说。

看到我愁眉不展，吓坏的样子，小伙子哈哈笑了："前天体育课上，我们玩完沙包，因为不好好做操，被体育老师罚做一百个蹲起。我这腿呀……"

小伙子一脸痛苦。

"哈哈，原来如此！"

"活该，谁让你不遵守纪律，谁让你不好好锻炼身体？"我边笑边"怒斥"道。

小伙子瞪着我直哎哟，说："以后，真得好好的，不能被逮着了！"

"最重要的是锻炼好身体！"我"严厉"地打断他。

"哦，知道了，放假去练，还不行吗？"小伙子的可怜相露出来了。

我给他按摩，他坚持着，一天下来，好了许多。

小伙子的地理、历史、政治，自己也有目的的复习了一些，不知道效果怎么样，但态度还是很好的，这也是令人高兴的一个进步吧！

"小伙子，加油！"

结果，下午，小伙子就提出请求了，买包方便面吧！

小伙子已经多半年没有吃了，此刻提出来，我也犹豫了一下。然后说："你做五十个蹲起吧。"

我本意是想让他放弃的，他腿还在疼。但要是真做了，也顺便锻炼一下他的毅力，就他买给一次，解解馋。

结果小伙子大笑，指着我说："好，妈，算你狠，我做。"

我也笑，小伙子真的做了，做一个，大叫一声，再做一个，又大叫一声……

五十个够了，小伙子拿到了方便面，十足开心。

我 的 心 得

　　如何培养孩子的情商，应该是仁者见仁智者见智吧。家长可以陪着孩子一起开心，做一些孩子愿意做的事情，回忆一下家长少年时代的"囧事"，让孩子能在快乐的氛围中去学习，去改正自己的不足，这是很好的培养情商的方法吧。当然，看电影，看电视，这也是培养孩子情商的不错的方法。

4．期终考试——看吧，杀出重围

1 月 14 日　星期一　雾霾

晚上，我和小伙子的爸爸去看病人。小伙子一人在家。我问："如何？"

小伙子按捺不住内心的激动，但还是很镇定地说："你们走吧，没关系，放心，我一会儿就去写作业。"

说这些的时候，小伙子还坐在沙发上看课外书。

我不放心地看了他一眼，他一抬手，告诉我们放心的样子。

一个半小时后，我们回来了。小伙子安静地在屋里写着作业。我走进去，问："如何？"

"喏，这些作业完成了。"小伙子指了指旁边的语文练习册和英语练习本。

"就这些？"

"嗯。怎么了？"小伙子抬头看我。

"效率不高。几点开始写的？"我问道。

"快八点了吧。"

"哦。"我想说什么，放弃了，然后走了出来。

不大工夫，小伙子也出来了："妈，我开始背地理、历史、政治了，给我提问吧！"

我有点吃惊："速度啊！"

看我的样子，小伙子也很聪明，明白了我的意思："我们今天作业不多，我在学校已经做了一部分了！"

"原来如此！"

这几天，小伙子知道自己的弱项，很担心它们，自然给它们的时间就多了一些。他紧张的时候，我就和他聊聊，和他探讨一下学习方法。他也有自己的见解，我不要求他全部运用，能从中吸取一点什么就好。小伙子也很明白，说："我知道你说的什么意思，但有的不适合我用，我就不用了，我看看哪方面更适合我自己，我就用它。"

"嗯，就是呢！"我肯定小伙子的想法，虽然他实施起来并不太顺利，但有这样的想法，就是好的。

1 月 15 日　星期二　雾霾

下午放学回来的小伙子拿着一张成绩单，那是他们期终考试的排名。

一进家门，小伙子就热烈地和我讨论着成绩，他和班里的同学比较着。

这时，小伙子的爸爸也回来了。小伙子叫了一声爸爸，不好意思再说了。

那准备吃饭吧。

我们边吃边聊，都很开心。小伙子的爸爸说："那是什么？我能看看吗？"

我看小伙子，小伙子很痛快地说："看吧。"

小伙子的爸爸看了，笑着说："哇，被生物和地理拉下分啰！"

"嗯，是呢！"小伙子低着头，脸红了。

男孩子，总是和妈妈比较放肆，当看到他的父亲，即使父亲很和蔼，也有一丝拘谨。自然，小伙子也不例外。

没关系，这都能学好，只要你用心，多看书，多问题，多想，会学好的。小伙子的爸爸鼓励着他。

小伙子看到爸爸和风细雨的样子，立刻放松了起来，和爸爸探讨起了学习方法。

我在旁边静静地听着，看着他们热火朝天地聊。

七点五十，小伙子去写作业了。

我去阳台晾衣服，无意中看见他在愣神，我走过去一看：我的天！小伙子在一个小时里，才写了半页语文习字，一页半语文练习册！

"你在干什么呀？"我有点发怒，唠叨几句后，小伙子一声不吭。

我强压住自己的怒火，保持安静。看来，我也是在不断长大的，脾气也不乱发了。

我出来收拾完，已经十点了。小伙子还在写着。我在客厅里看书，小伙子的爸爸在卧室看书，静悄悄的，一点声音也没有。

十一点四十五，小伙子起来，伸个懒腰，去洗漱了。

我长长地舒口气：儿子啊，你终于睡觉了！

小伙子上床前，说："妈，我这四十分钟效率特别高，把那一章地理都背下来了！"

看着他的样子，我的气忽一下子烟消云散。

我可爱的宝贝啊，妈只想你利索一点，好多睡觉啊！

1月16日　星期三　雾霾转多云

连着几天的雾霾天气，今天终于好转，下午的时候，太阳露出了一点笑脸。

早上，小伙子起床晚了二十分钟，上学肯定迟到。

他临走的时候，眼巴巴地看我："妈，给我写张证明吧，要不，我们又要被扣分了，那一分多难挣啊！"

"可是，我怎么写呢？写你晚睡所以晚起？还是说……"

"你就说我病了。"

"不能这样说自己。"

"那我昨天头不是疼了吗？就写这个吧。"

"不行，是昨天的事了。"

"那……那算了吧。"小伙子一低头，要哭了。

"那，我写吧，就写你不舒服。"

小伙子听我这么说，感激地看看我。然后说："那我有弥补的机会吗？"

"有啊，好好做就是了。"

"嗯。"小伙子答应着，快速地蹬上自行车去了。

小伙子开心的心情也和太阳一起出来了。

到学校后正好数学小测验，小伙子已经晚动手了，匆匆忙忙拿到试卷，赶紧做了起来，也许是心情好，也许是迟到有了紧迫感，反正结果是好的。

下午，老师公布分数的时候，小伙子的成绩是满分。回来说这些的时候，小伙子一脸平静，没有什么喜悦，反而多了一份担心："妈呀，我要是考试的时候发挥不好，怎么办？"

我笑笑说："你尽力就好了，谁会给你发难？"

"唉，考不好，先不说别的，就说这年吧，怎么过？"

小伙子的担忧真的是让人哭笑不得，虽然这是他认真的体现，可总有这样的心理负担也不好啊。

我说："你放松心情，好不好？别总是紧张兮兮的，这样才会影响你发挥呢！再说了，只要功夫深，铁杵磨成针，你尽管做好当下就行了，先放松，好不好？"

小伙子狼吞虎咽地吃着饭，含糊地答应着。

这些日子，小伙子每次写作业之前的计划都不用操心了，坐在桌前，都能先认真想一下，自己做事的先后顺序，控制好时间。之后，总结自己所用时间是浪费了，延时了，还是节约了；然后查找原因。虽然这会耽误几分钟，但总体看效果还是有的，小伙子不再胡子眉毛一起抓啦！

我 的 心 得

考试过后，孩子成绩下滑的时候，除了必要的鼓励之外，适当地给孩子一点恩惠，原谅他一点点的小失误，让孩子产生一点小小的内疚，从而激励孩子前进的动力，未尝不是一个好方法哦！

5. 运动的问题——没事，锻炼啊

1月17日　星期四　多云

这两天，小伙子发飙了！

晚饭后，看上半个小时的课外书，就去写作业，这一写，就快零点了！无论我和他爸怎么劝着休息，都要坚持看书。

他说："妈，我晚上精神好着呢！"

"精神可嘉，效果欠佳啊！"

"这直接导致了他早上起床的困难。怎么办？"

在估计小伙子写完作业的时候，我和小伙子的爸爸叫他，"请教"他刚刚完成的历史作业。小伙子说得头头是道。

我们赞扬道："不错啊，睡觉去吧！"

"不行！"小伙子坚决地说。

"少睡眠，不长个子啊！"

"没事，锻炼啊！"小伙子说着在床上做起了不标准的仰卧起坐、俯卧撑，逗得我们哈哈直笑。

其实，写完作业就稍微运动一下，小伙子已经做了有些时候了。我不知道他是意识到自己太胖了，还是想长高个子，或者是累了，调换一下方式，但无论怎样，这是一个不错的习惯。运动，是拥有好心情、好身体的最佳方式。

这中间小小的快乐，并没有让小伙子下决心去睡觉，洗漱之后，钻在被窝里看书。

"我把手机给你放台灯旁边吧！"我对小伙子说。

"你要给我放，你就不是我亲妈！"小伙子硬邦邦坚决地说。

小伙子每天用手机定闹钟，然后，把手机放到床头的台灯旁边，一抬手就能拿到。今天，他却远远地放到了写字台的角落里。

"怎么了？"

"明天早上铃声一响，我必须起来去拿，然后就可以看书啦！"小伙子为自己想到的这个方法很是得意。

我笑一下，表示不赞成，说："最好合理安排时间，运用恰当的方法提高效率，多睡觉。"我重重地说了"多睡觉"三个字。

小伙子不说话，自顾自忙着他自己的。

1月18日　星期五　晴

老天终于放晴了！

小伙子上学的半路上，路灯就已经灭了。街上的行人啊，车啊，也似乎一下子多了起来。而小伙子的要求也多了起来。在违抗"早睡"的"命令"之后，又申请中午不回家了，在学校就餐，是为了用中午的时间借老师的教案补一下地理。

这是多么充分的理由啊！

我停顿一下，说："好吧。"

小伙子欢呼。我又说："这也是给你教训，平时学好，点滴地积累起来，比现在临时突击要轻松，要效果好。"

"知道啦，妈！"小伙子开心了。

当然，我是想让小伙子"试错"，试着去体验一下，自己做错事会怎样，而这又会产生怎样的效果。在这样的"试错"里，但愿他能长大。

周五放学比较早，小伙子回来的时候是心满意足的，我能猜得出，今天中午他是何等的疯狂，像一匹脱了缰的野马狂奔着。幸好，他知道不能跑得太远。

吃过晚饭的小伙子坐在沙发上，那个放松啊！忽然，他神秘兮兮地拿出一个作业本："妈，来，看看。"

　　我凑过去一看："啊？如此三国演义——蚕锅盐蚁！"

　　作业本上是他和同学们合作的漫画，画图不精致，但每一个故事都很详细，语言不准确，但很活泼，读了不得不哈哈大笑。

　　只是因为受了网络影响，他们用的那些词语几乎都是网络版的，主题很突出，都是围绕吃的，比如，三气周瑜——三吃粥鱼，但这样的词语不免让人担心。他们能正确理解这些词语吗？如果是所谓的搞笑，必须首先有好的基础知识啊。

　　真是让人欢喜让人忧。

1 月 20 日　星期日　雪

　　今年的雪似乎特别多，周六天阴沉沉的，大雪欲来。

　　小伙子睡得开心。七点多了，我们起来在客厅里走动着，故意弄出一点大的声响，但他仍眯着眼睛在被窝里窝着。偶尔，抬头看看，不作声。

　　八点了，我们都吃完饭了。我问："小伙子，起床吧？作业能完成吗？"

　　他一翻身，嘟囔着："不用管了，放心吧。"

　　我和他爸各忙各的，不再提醒。

　　九点，小伙子终于慌里慌张地起床了，奔向厕所，之后坐在桌前写作业。

　　我提醒他吃饭。他摇头，说："不吃了，要不写不完作业了。"

　　我没再说什么，把一杯牛奶和一个鸡蛋放在他面前。

　　一上午，小伙子那叫一个紧张，低头学习啊！

　　我洗完衣服后，肚子疯狂地疼了起来。小伙子的爸给我吃了药，喝了热水，不见效，去看了医生，无大碍，卧床休息。于是，我在床上蜷缩着，小伙子不时过来问我，舒服点没有，然后，用他那胖胖的小手抚摸一下我的额头，软乎乎的，那个舒服呀！

　　小伙子轻手轻脚地做着他的事情，低声细语地和他爸爸聊天。

　　迷迷糊糊，我似乎睡了一个下午，小伙子看我睁开了眼睛，轻声说："妈，我作业都写完了，复习呢，你舒服了没有？"

我点点头，仍然皱着眉头。小伙子掖掖我的被角，说："别急，躺着吧，待会儿叫你吃饭哦！"

哈哈，受到小伙子的照顾，感觉真妙！

天阴得更厉害了，天早早地黑了。今天早上一起来，整个小城又白了。

小伙子不情愿地起了床，去补习班了。下课后，第一时间来关心我，第二时间去复习了。我这一不舒服，小伙子分外认真了起来！

这一天，小伙子穿行在飘飘扬扬的雪花里，上课，回家，问候我，自己复习。

下午，我感觉舒服了许多，就和小伙子的爸爸陪着小伙子去上课，路上，他们看到基地学校的学生放假了，冒着雪，提着兜，急匆匆回家。小伙子的爸爸说："你看，这和雪有什么关系？"

小伙子眨巴眨巴眼睛，说："不许说似柳絮，不许说似盐，那就是穿盛装吧！"

"是不是大雪也放假了，和回家的学生一样紧着往家赶呀？"小伙子的爸爸说。

"哈哈，你牛，想到雪放假呢！"小伙子敬佩地看着他爸。

我看着他们聊，心里那个美啊！

晚上，小伙子要看电视，小伙子的爸爸说："看吧，你自己安排好时间就好，以后，你看电视，我们陪着，不要问我们能不能看电视了哦，你做主！"

小伙子一怔，冲我吐吐舌头："天哪，我不看电视，你们也看不了！"

"没关系，全力支持你，你也当一回我们的家长。"小伙子的爸爸说。

小伙子扑通一下倒在沙发上，做着鬼脸，犹豫半天，打开了电视。

自此，我们看电视的时间由小伙子主宰啦！结果，九点四十，小伙子就看看我们，把电视关了。

看来，与其我们控制，不如提高他的地位啊！

我 的 心 得

现在的孩子学习任务重，运动的时间就少了许多。但身体是革命的本钱，是必须要锻炼的，而时间又是可以挤出来的，所以，见缝插针，让孩子稍微运动一下，即使不能立马见效，从长远角度来说，对身体也总是好的。

当然，偶尔和孩子来一次角色转换，也会有意想不到的收获哦！

6. 考前心理紧张的问题——考不好，怎么办

1月21日　星期一　雾

难熬是周一啊！

早上，小伙子准备走着去上学。天是黑的，路灯是明的，行人少少的。

小伙子的步子很快，因为起床的时候费了些时间，经过一场"战争"，再不快，就迟到了。中午，小伙子在学校食堂吃的。将近一点钟的时候，小伙子给我打来电话，告诉我他吃了什么，让我放心。还告诉我，他利用中午时间，好好看了看地理，估计这次能突破80分大关啦！

小伙子呀，还是有心的。他一直担心着他的地理，对地理是真的下功夫了。

下午放学，小伙子坐公交车回家，人还没进来，就听到楼道里他的歌声。

原来，小伙子数学测试只减掉一分，那一分是因为试卷卷面不整洁。小伙子开心了，感觉到胜利的希望。

我鼓励他一番。他点点头，很有信心的样子。

晚饭后，小伙子看课外书，一边看，一边笑。我知道，他又在看幽默小故事了。本想阻止他，但看他的好心情，就放弃了。

快八点的时候，小伙子才不慌不忙地去写作业了。说来奇怪，他写作业的速度真快，九点四十就全部完成了四门学科的作业。着实让我惊叹了一下。

"妈，洗漱睡觉，我困了！"写完作业的小伙子招呼着。

"好！"我答应着，看他正伸着懒腰。

"是不是感觉我今天很快啊？"小伙子得意地看我。

我点点头。

小伙子雄赳赳气昂昂地去洗漱了。

看来，很多时候，给孩子一个快乐的心情，是给他前进的一个最好的动力。

1 月 22 日　星期二　雾

老天爷，总是阴沉着脸，喘着粗气，让华北地区的交通拉响了警报。

我家小伙子也依旧走着去上学。晚上，他也拉响了考试警备的笛声。

今天回来，小伙子浑身湿透——打雪仗啦！

我什么都没说，赶紧给他换下衣服。

小伙子发现了我急匆匆的样子，说："妈，你是不是担心我感冒啊？"

"是啊，你要感冒了，多难受啊！"我说。

"没事啊，妈，放心吧！"小伙子满脸的不在乎。

可是，接下来的情形却和昨天有了巨大的反差。晚饭后，小伙子窝在沙发里没有几分钟就打起了小呼噜。看着他的样子，心真疼。孩子哪里有什么幸福而言呢？十几个小时，从早起到下午放学，始终紧张着，回家后几乎连和我们聊天的时间都没有。我不忍心叫醒他，可是，不让他写作业，那是不可能的。但要是等他醒了再写，就太晚了。

我狠狠心，叫他起来。

他睁开眼，一惊："呀，我睡着了。"

"嗯。"我笑着，看他。然后，他问我："妈，我要是考不好怎么办？"

我安慰他："没关系的，只要做好当下就好了。"可他却一而再，再而三地问。

终于，我不理他了，他似乎不开心的样子。

写作业的时候慢吞吞的，字也乱糟糟的。我问一句，他颠三倒四地说，

明显在应付，于是，我急了，吼了他几句。

他反问我：你要不说会怎么样？

我不会怎样，但你会失败，会更惨。我大声地说。

那也不用你管。小伙子很执拗。

我强迫自己不说话，离开。

大概一个小时后，小伙子温和地对在客厅看书的我说：妈，麻烦您烧水去吧，我写完了，洗漱一下，然后再复习一下地理。

好嘞！我答应着。

既然小伙子已经开始平和，我没有理由再和他较真下去，有些事，是需要迂回的。

小伙子洗漱地时候和我商量明天怎么去上学。

我建议早上走去，中午坐公交车回家，因为在学校吃饭菜不热，也没有休息的地方，太累了！

小伙子听了，耐心地给我分析可以骑自行车的根据。在我们争论一番之后他决定明早骑车。终于，在这样的闲聊里，小伙子的心情看上去轻松了一些。

1月23日　星期三　雾

雾蒙蒙的天哪！干什么都没有了兴趣。

小伙子的心思却在"考不好，怎么办"上执着了起来。

中午，小伙子回家，饭后用了将近半个小时还在讨论这个问题。我说没关系，他难受；我说重新再来，他也难受；我说严格要求，利用假期补上，他还是难受。唉，无论我怎么回答，他就是走不出这个怪圈。他的姥爷姥姥也在安慰着他。

可他，就是放不过自己。竟然，还悄悄掉起了泪珠。

这小伙子怎么了？

必须得想办法，让他有一个良好的应战心理。

记得小学时，他说：考试前，我特害怕，总怕考不好，可到真考的时候，也没什么了。那时候，我就笑，和他一起分析了许多故事。我以为，经过六年的锻炼，应该没什么问题了，没曾想，现在一切又卷土重来。

想想，大概是因为他这几次考试总是失利的原因吧。但是，拥有一个良好的心态，比好成绩似乎更重要。那就先把心理调整好了，随后再努力抓成绩吧。

可是，还没等我的办法想出来，小伙子下午放学回来继续执着着。小伙子坐到沙发上，拉着我的手郑重地说："妈，我考不好，过年都过不好，你们也不开心，就算你们不骂我，安慰我，可是那些七大姑八大姨的一问，我也不好受啊。就算我不怕，可是我学习是为自己呀，考不好，就证明我还是不行啊……"

看这孩子，不等家长给分析什么，自己就头头是道地分析了出来，还能怎么说？

眼下无策，我只好转移话题，好歹算是逃过了他这一关，赶紧去吃饭。

小伙子告诉我："今晚不睡觉了，学习。"

我劝无效。

直到接近零点，他哈欠连天的时候，还在坚持着。没办法，我只好劝着他，哄着他，算是让他睡觉了。

看着紧缩眉头的小伙子，我心里颇不是滋味，他的压力到底从何缓解？

1月24日　星期四　阴转晴

老天终于放晴了！

放晴的还有小伙子的心情！

早上，我只叫了他一次，他答应着，到底没起来。七点十分，小伙子起来了，可学校是七点二十上早自习呀！悬！

小伙子吃惊地看我："妈，你不着急？"

我笑笑："急什么，等着你啊！"

"哦。"小伙子应一声，赶紧收拾。

吃饭的时候，小伙子怯怯地问我："妈，你在等我起床的时候想什么呢？"

"没想什么，就等着你。因为你的方法不对，你累了，就得先让你休息好，才能做下面的事情！"

小伙子点点头，精神明显好了许多。

"你看你现在精神多好。你要是早睡一个小时的话，现在的时间应该是六点十分，你也迟到不了，而且精神也好，多好！"

"嗯。"小伙子狼吞虎咽着，不再像昨晚一样与我争辩。

上学的时候，小伙子可怜巴巴地看着我："能不能写张证明啊？"

我看看他，写了。这已经是我第二次"纵容"他了。

如果这样的"纵容"能换来他的好心情，换来他比较高的学习效率，偶尔为之，也未尝不可。事实证明，小伙子的一天是开心的，效率也挺高的。

小伙子晚上的作业早早地写完了，专心复习起了他的地理，十点多了上床，嬉笑着和我说晚安。我轻轻亲一下他的额头，小伙子带着微笑开始进入梦乡。

1月25日　星期五　晴

太阳，嘻刷刷地出来了。阴霾的老天终于露出了笑脸。身体也开始暖和起来。依偎在阳光里，心慢慢沉淀，与阳光融合，是一种无言的幸福。

早上，我给小伙子做了一道创意饭——黄金满堂。

先把胡萝卜丁、黄瓜丁、火腿丁还有菠菜炒熟，再摊几张薄薄的、金黄的鸡蛋饼，然后，用饼把菜包起来，形成一个个的小花骨朵。

我问小伙子："好看吧？"

小伙子看看，吐吐舌头，觉得简单。

他吃一个，我问他："好吃吧？"

他说："嗯，好吃。妈，以后别做这么麻烦的饭了，能吃饱就好了。"

我开心地说："宝贝吃着开心就好，我早起一点儿就可以了。"

　　小伙子感激地点点头。其实，我是故意的，就是想用这好吃的告诉他：只有付出，才有好结果！

　　看上去，小伙子似乎明白了什么。当然，我要淡定，要让小伙子在点滴里体会到做事的意义，更要体会到我的爱，嘿嘿，是不是有点自私了？

　　因为天晴，雪，也渐渐化了，路上顺畅了许多。

　　下午放学回来，小伙子认真地对我说："嗯，我们的假期结束啦！"

　　我一愣，继而明白，他是接着他爸的话来说的，那天，他爸不是说雪花放假了吗！今天，他就赶紧想到这里了。

　　我笑了，说："是啊，它们重新回到了天上，继续它们的工作，继续等待下一个冬天放假。"

　　"哎呀，我们怎么还不考试啊？这考前的日子真难熬啊，我们也放假吧！"小伙子撒娇地大吼着。

　　我呵呵直笑："想放假了？"

　　"妈，我不是只想放假，我也不是怕考试，我就怕这考试前的煎熬。"

　　"没事的，放松，好吗？"我搂搂他。

　　他抱着我的肩膀来回晃着，笑着。

　　小伙子"考不好，怎么办"的这个压力，在经过两天的斗争之后缓解了。昨天，小伙子的姥姥因身体不适输液，这时候，他姥姥和他谈心，给他讲，男子汉要坚强，要能面对各种考验，那样的小伙子才帅，才叫酷呢！

　　当时，小伙子震惊了，没想到六十多岁的姥姥能讲出这样的话来，一下子呵呵笑起来，说："姥姥，你还知道酷啊！"

　　晚上吃饭的时候，我又在无意中讲了母亲带着我们度过的那段艰难岁月。那时候，我们最怕下雨，因为土房子会整晚漏雨，院子里的水排不出去，我们几乎没有睡觉的地方。而爸爸却在遥远的四川部队工作，无法照顾我们。我们很害怕，看着妈妈，看着雨。妈妈笑着安慰我们，一个人疏通排水，上房铺塑料布，回到屋子用盆子接水，找到炕角不湿的地方让我们睡

觉……

这些，在无形中打动了小伙子，小伙子不作声，脸上呈现了坚定的神色，然后，就如刚才那样，搂着我，笑了。

1 月 26 日　星期六　晴

小伙子饱饱地睡了觉，起来的时候，我正在桌前写作。

小伙子忽然抬起胳膊，高喊着："好好学习，天天向上，好好复习，迎接考试……"

我看他那意气风发的样子，笑了："你干吗呀？"

"我这不是给你提供素材嘛！"小伙子挑挑眼眉，看着我笑。

我忍不住了，哈哈大笑起来："你怎么知道？"

"我是谁！"说着，小伙子得意地去屋里了。他把书放在桌子上，一边跳着，一边大声地背着书。

我和小伙子的爸爸都不作声，默默地做着自己的事情，于是，小伙子自己在屋里开始尽情地发挥了。卧室，客厅，厨房，整个房子的每一个角落都是小伙子背书的声音。

那声音，清脆，透亮，还有几分昂扬。

时间一分一秒地滴滴答答地过去，小伙子似乎累了，声音渐渐小了下来。

小伙子的爸爸正在看一本书，忽然说了一句话："这人，真没情趣！"

"哟，说谁呢？你有啊？"我反问道。

"什么是情趣啊？情趣可分为高雅的，还有……"我们的争论还没有开始，小伙子就已经跑了出来，站在我们面前，一本正经地谈着什么是情趣，什么样的情趣是有益的，什么样的情趣是有害的，如何对待情趣……

哈哈，一气呵成啊！

我们认真地听着，然后面面相觑："儿子，你这是背书吧？"

"是的！"小伙子点点头。我们一下子都笑了，看来，这理论联系实际，也是很好的学习方法嘛。

我们趁势直追，连着和他讨论了若干个问题，小伙子是兴致勃勃啊，效果不错。

我看看小伙子，头上已经有了一层细密的汗珠，他跳着叫着背书，能不出汗吗？

不过也好，一举两得：身体与学习同行。

1月27日　星期日　多云

因为明天考试，学校临时安排今天上课。

小伙子那个开心啊，似乎从来没有看见过他如此喜欢去上学——周末休息的时间上学。

小伙子说："这下好了，在学校呆一天，紧跟着就考试了，这样就可以不分心了。要不，刚放松完了就去考试，状态不好啊！"

原来如此！

我看着他笑。他也笑，美滋滋地准备上学的东西。

中午，我们包好了饺子等他。气喘吁吁回来的小伙子吃得那叫一个欢啊！直叫着："好吃，好吃！"

看来，他心情不错。

"妈，今天我复习得不错啊，我把地理整个过了一遍，要是不出偏题，估计问题不大。"

"90分吗？"我问。

"妈呀，能上80就不错了，你还让我90？"小伙子的眼睛瞪得大大的。

我哈哈笑着："那你也不能保证每题都是你正好看到的啊？"

"是啊，所以我才说要是不出偏题嘛！"

"你没复习到的就是偏题吗？"

"也不能这么说啊！"小伙子被我问住了。

"好啦，尽力复习就是了，不用想那么多。"我安慰着小伙子。

小伙子低头继续吃他的饺子，不再理我了。

吃饱了，小伙子起身倒在沙发上，拿过晚报看，感慨着："哎呀，要是现在考完了多好！"

我瞥他一眼："没出息！"

"怎么没出息了？不就是考前紧张一点吗？"

"紧张什么？放松好了，谁怕谁啊，是不？"我和他调侃着，试图放松他的心情。

"唉，妈，你不懂啊！"小伙子意味深长地感慨了一句。

然后，我们都笑了。我搂搂小伙子，小伙子安静着。

我 的 心 得

　　孩子紧张，怎么办？"纵容"他吧，这样的"纵容"会给孩子一个好心情，换来孩子的学习效率提高，偶尔为之，未尝不可。家长做一点孩子感兴趣的事情，融入一点点道理，譬如，和孩子开个玩笑，让他看喜欢的课外书，给孩子讲故事，讲他喜欢的人，讲生活在他身边的、触手可摸的真实的故事，当然，也可以稍微进行一下合理地加工，甚至是杜撰，只要能感触他，就可。

7. 考试期间的问题——我尽力了

1月28日　星期一　雾霾

考试第一天。

小伙子轻装上阵了——一个简单的小书包，一份平静的好心情。

当然，这些是我看上去的，究竟怎么样，还需等待他的归来。

中午，因为单位有事，小伙子在姥姥家吃饭，我给他打电话。小伙子的声音干净，利落，能感觉出心情不错。

我问："吃饭了吗？注意休息哦！"

"嗯，放心吧，妈妈，我会的。"小伙子听话地回答我。但是，我们彼此谁也没有说考试的事情，就彼此再见挂了电话。

小伙子不说，我也不问，干吗要破坏他的好心情呢！

下午考试回来，小伙子吃了饭，坐在沙发上嗑瓜子，看课外书。

他要放松，迎接明天的挑战，我不能破坏气氛呀。

终于，小伙子一本正经地对我说："妈，我今天是喜忧参半啊！"

"哦，是吗？"我很平静。

"是的，数学和历史感觉还可以，政治和地理有点悬。"小伙子竟然很平静，不像他前些日子的风格。

我刚张嘴想说什么，小伙子紧接着说："妈，不管这次成绩如何，我都尽力了，而且，我也在找中学的学习方法和规律，即使这次考不好，下次我保证能有进步。"

哎呀，我想说什么来着，统统被小伙子这几句给截住了。我笑，说："好吧。"

小伙子放下课外书，对我说："妈，我得给同学打电话去。"

不等我说话，他就去了。片刻，他很失望地说："唉，他在喝粥呢，没时间说话。妈，他暗恋一个女生呢！"

我的心咚咚地狂跳："一个十几岁的小孩竟然还知道暗恋？哈哈，爱情，真是个奇妙的家伙，'无孔不入'啊！"

我没敢贸然接话，继续听他说。

"今天，我考试的时候，挨着一个女生，长得特像他说的那个女生……"

"那怎么了？"我若无其事地说。其实，我心里很虚，谈这些，他会如何？

"我想告诉我同学啊，因为他一直想对那女生说呢！可是，那女生学习很好，全校前三呢！"小伙子对我说。

"告诉他能怎么样？"我问。

"不怎么样，玩呀。"小伙子没有任何异样，就像说我去上学了一样的平静。

"什么是暗恋啊？"我问。我觉得，得让小伙子知道，那究竟是怎样的一种情感，即时不能彻底了解，也能有个感性的认识。

"哎呀，妈，你老土啊，偷偷喜欢呀！"

"哦，那暗恋是一件很美好的事情呢！"

"当然，喜欢别人高兴，被别人喜欢不是更高兴吗？"小伙子的理解力度更大。

"这么美好的事情不能破坏哦，要好好保护呢！"

"妈，你不反对？"

"我为什么要反对这美好的事情呢？关键是，那女生学习那么好，你也得要跟得上啊，不然，谁会看得起你呀，一个不上进的人。"

"哎呀，不是我，好不好？"小伙子提高了嗓门。

"我知道不是你，我就是在说这件事情而已。要想留住这美好的感觉，就得先让自己的本领大起来，对不？"

"嗯，是。"小伙子点点头，"不过，我没有暗恋啊！"小伙子又认真地重申了一遍。

我哈哈笑起来："我知道，你还没练好本领，觉得自己没资本，是吧？"

小伙子笑了，不理我，接着去打电话。

我心里那个紧张啊，恐怕哪里说不好，惹恼了小伙子，更怕他不相信我，毕竟以后的道路还很长呢！我轻轻走出屋子，他给同学打电话的声音隐隐约约传来。

他们嬉笑着，谈论着，从考试题目，谈到那个女生，谈到放假以后去干什么，最后，小伙子对他同学说了一句话让我感到好温暖。

"哎，好好考试啊，别给男生丢脸！"

1 月 29 日　星期二　阴

终于考完了，小伙子把书包啊什么的堆到书桌上，放心地看起了电视，那个放松啊！

等我回家的时候，小伙子冲我放了一顿"机关枪"："妈，考完了。作文我写的诗歌，它要求不少于20行，我做到了。不管分数高低，我尝试了，就知道怎么回事了。等再大考的时候，我就知道能不能这么写了，这个问题你不要再问了。总之，结果也许好，也许不好，但无论如何，不许和我说写作业的事情，我就是想玩。"

天哪，一个连儿童诗都讨厌的孩子，竟然写起了诗歌！多么不可思议！而且，他几乎不给我喘息的机会，一下子说了这么多，然后，自顾自看他的电视。

我站在那里看着他，脑子一时有点短路，我是无论如何也不能想到是这样的。

我定定神，该干什么还干什么。但小伙子毕竟还是孩子啊，等到广告的时候，忍不住还是和我聊几句：

"妈，你真不问我啊，不纳闷吗？"

"你不让问，就不问。"

"嗯，你真行。妈，你说我写诗歌行不行啊？"看来，小伙子还是有点担心的。

"你说呢？"

"我问老师了，老师摸着我的头说：'真是个傻孩子'。"

"呵呵。"我听了笑。

"其实，开始我是想写记叙文来着，不知怎么，我就那么一想，诗歌不挺好吗？我就写了。"

"你平时都不喜欢看诗歌，你知道诗歌讲究什么吗？"

"我一行行写的，差不多都押韵，而且中间也空行了呢！"小伙子焦急地说。

"嗯，你这说的是诗歌基本形式的一种吧，也不知道你怎么表达的呀。"我慢慢地对他说，既然小伙子心里已经意识到自己的不妥了，那就不着急，慢慢和他讲。

"这次题目是：'再见了_____'，半命题作文。妈，我说我写的什么，你别生气啊。"

我静静听着，小伙子继续说：

"我写的是'再见了，妈妈'。老师们看了，准以为我是写失去妈妈了，其实，我是分这么几个阶段写的：开始我是受精卵，十月怀胎后，我离开了妈妈的肚子，和妈妈说再见；幼儿园的时候，妈妈接送，直到小学，又和妈妈说再见；然后是小学结束，和妈妈的接送说再见；最后写我是一名考生，在人生的转角，和妈妈说再见，要自己独立，结尾一句是'妈妈，我爱你'。"

"立意不错。"我说，"但不知道你的表达如何，所以没法判断哦。如果你写记叙文，胜出的可能性要大一点吧。"

"好啦，好啦，不说了，反正我也写了。"小伙子断断续续说了这些之后，又去看电视了。

睡觉前，小伙子自己又估计了一下分数，说："即使这次不能进入前十，也绝对不会后退了。下学期就会好了，因为我对初中科目的学习方法有一些认识了。"

我笑着拍拍小伙子，他说声"晚安"，钻到自己的被窝去了。

1月30日 星期三 雾霾

好大的雾霾天！到处都是潮乎乎的。小伙子赖床，本可以很轻松地赖床了，他却早早地醒来了。

"妈，你是不是还要去上班啊？"

"是啊！你怎么打算啊？"

"我呀，睡会儿懒觉，然后起床，去我姑妈家……"

"哦，好吧。"我答应着，去准备早餐。

其实，早在考试前，小伙子就准备好了，考试后去姑妈家找他的小表妹玩。所以，我没有发表什么意见。

从厨房出来，我看一眼小伙子，他没有睡觉，趴在被窝里看书呢！

我问："怎么不睡了？"

"哎呀，睡不着，看会儿书吧。"

他在重温他的那些漫画书。

吃完早餐，把小伙子的那一份热在锅里，我准备上班去了。

小伙子撒娇地叫了我一声，我过去问："怎么？"

"亲亲！"小伙子伸手搂着我的脖子说。

我呵呵笑着，贴贴他的胖乎乎的脸蛋，说："好了，我去上班了。"

"小伙子，自己注意啊！"小伙子的爸爸招呼一声，挥手再见。

我们能感觉到小伙子的放松和兴奋，他是觉得自己在家做主的感觉妙着呢！

十点多，小伙子给我打电话，姑父接他走了。

我的心忽一下漂浮起来，像气球慢悠悠飞上了天。仿佛秋高气爽的日子里，闭了眼，享受着寂静的空旷。

我知道，我和小伙子一学期的紧张马上就结束了，其中的适应，其中的失败，其中的争执，其中的起伏，其中的哭笑，一切，都马上要告一段落了。

晚上，我打开电脑，上QQ，看到小伙子的QQ签名，由一个月前的"期终考试"修改成了"一切尽在三天后。"

三天后，小伙子返校，领取假期作业和成绩单。

我 的 心 得

　　孩子的考试过程，也是对家长的一次考验，家长要尽力创造一个舒适、平静、一如平时的环境，这样更有利于孩子的正常发挥。考试结束后，给孩子自由空间，使其知道付出之后收获的快乐。

　　而对待突然出现的恋爱萌芽，还是静观其变吧，疏通就好，等待孩子的慢慢体悟。

8. 考试后的问题——我知道该怎么安排了

2月1日　星期五　晴

哈哈，老天终于放晴了!

那亮堂堂的阳光，打着滚地滚到心里来，满身的细胞笑着跳着地闹起来，不想开心都不行呢!

小伙子昨天急匆匆从姑妈家回来了，因为他给了自己一个任务。

考完试的时候，他问老师："能不能打电话问成绩啊？"老师说："当然可以。"

所以，今天他要给老师打电话，询问自己的成绩。

早上我上班的时候，小伙子还没起床，我不知道他会不会去问，对他而言，也是一个考验，敢于直视自己的成绩，或者说，敢于直视自己的不足。

果然，小伙子是忐忑的，真的坐在电话机旁，还是犹豫着。然后，给我打电话了，说："妈，我让同学打电话问吧。"能听得出小伙子的不好意思。

　　"为什么呀？是自己的事情，就要去面对，敢于面对，是成功的法宝之一哦。"我笑着说。

小伙子不作声。我接着说："自己做决定吧，没关系，只要自己觉得对，就做吧。"

挂了电话，约半个小时后，小伙子又来电话了，异常的平静："妈，我数学成绩和英语成绩不理想。"

"哦，你自己问了？"我没有去接他的话题。

"嗯，是，我自己问了，老师告诉我了，总成绩是第九名，刚刚达到我的目标，可是，我的数学和英语考砸了呀。"小伙子开始不高兴了。

"挺好的啊！目标达到了，而且，这样的成绩和你自己估计的差不多，说明你对自己还是比较了解的。只是里面的细节还不够好，再争取一下细节，不就很好了吗？"

知道他的成绩后，我虽然也有一些担心，但还是给他鼓励，毕竟，他真的努力了。

"妈，我知道，最后这段时间，我把时间放在地理、历史、政治上的精力多了 些，语数外少了一些。"

"是啊，当初提醒你来着，你说没问题的。"

"嗯，是我的失误。这个假期，我在玩的时候，订个计划，再巩固一下，争取补上。"

"行，我觉得可以，你自己安排好就行了。"

"知道了，妈，你放心，这学期，我知道是怎么回事了，下学期，我就知道该怎么安排了，应该还会更好的。"

小伙子不急不慌，一条条地分析着。其中，让我一直担心的作文——诗歌，竟然得到41分，着实让人惊叹，但他明白：以后不能轻易冒险了。

我静静听着，很欣慰，小伙子的成绩达到了预期目的，却不见，当初第一次得到好成绩时的"狂欢"，只那么平静地分析着自己的成绩。

忽然小伙子大吼一声："待从头，收拾旧山河，朝天阙！"

我一怔，继而笑，小伙子到底是平安度过他升入初中的第一学期了，更可贵的是，小伙子长大了！

我 的 心 得

考试结束了，孩子能分析自己的优缺点，这比好成绩更重要，只有正确地知道自己的不是，才有可能找到前进的方法和路途，而之后，也将是得心应手了。安然度过初中一年级，那么后面临的中考、高考，不会再是难题了吧！

后 记

短短的一学期，在喜怒中悄然走过，仿佛是一粒种子，穿透了冬天遗留的点点雪花，在冷冷的地面终于探出了头，嫩嫩的，绿绿的，柔柔的，却带着春的光辉，在寒风料峭里使劲地向上着。

在雾霾了十几天后，太阳又露出了笑脸，阳光洒在了小城的每一个角落，而明天，就是立春了，春天从此拉开了序幕。

小伙子没有注意这个节气，我也没有注意，但回头发现，却是如此的巧合，我笑了，我知道，很多的收获，就是在这默默的付出里。

春天，这么的好。而小伙子的春天，也从此开启了吧。

孩子的成长，在等待里，一切都开始慢慢饱满起来。

这不过是漫长学业里薄薄的一页，散落在人生里，也不过是微乎其微的一个点，但却在人生的长河里点缀了一朵小花，散发着清淡的香。